U0837344

名人家风丛书

# 治家勉学存孝义

——颜之推与颜氏家风

名人家风丛书

# 治家勉学存孝义

## ——颜之推与颜氏家风

潘帅 著

中原出版传媒集团
大地传媒
大象出版社
·郑州·

**图书在版编目(CIP)数据**

治家勉学存孝义：颜之推与颜氏家风／潘帅著.— 郑州：大象出版社，2016.1（2016.7 重印）
（名人家风丛书）
ISBN 978-7-5347-8286-2

Ⅰ.①治… Ⅱ.①潘… Ⅲ.①家庭道德—中国 ②颜之推(531~约 595)—家族—史料 Ⅳ.①B823.1 ②K820.9

中国版本图书馆 CIP 数据核字(2015)第 019188 号

名人家风丛书

**治家勉学存孝义**

——颜之推与颜氏家风

**潘 帅 著**

---

**出 版 人** 王刘纯
**总 策 划** 郑强胜
**责任编辑** 侯金芳
**责任校对** 张迎娟
**封面设计** 王莉娟
**版式设计** 王 敏

---

**出版发行** 大象出版社(郑州市开元路 16 号 邮政编码 450044)
发行科 0371-63863551 总编室 0371-65597936
**网 址** www.daxiang.cn
**印 刷** 洛阳和众印刷有限公司
**经 销** 各地新华书店经销
**开 本** 890mm×1240mm 1/32
**印 张** 6.75
**字 数** 149 千字
**版 次** 2016 年 4 月第 1 版 2016 年 7 月第 3 次印刷
**定 价** 28.00 元
若发现印、装质量问题，影响阅读，请与承印厂联系调换。
印厂地址 洛阳市高新区丰华路三号
邮政编码 471003 电话 0379-64606268

# 总　序

一个人有一个人的气质，一个国家有一个国家的性格。一个家庭在长期的延续过程中，也会形成自己独特的风气。这样一种看不见的风尚习惯、摸不着的精神风貌，以一种隐性的形态存在于特定家庭的日常生活之中，家庭成员的一举手、一投足，无不体现出这样一种习性。这就是家风。

“家风”一词，最早见于西晋著名文学家潘岳的诗中。与潘岳有“双璧”之称的夏侯湛，自恃文才超群，将《诗经》中有目无文的六篇“笙诗”补缀成篇。潘岳为与友人唱和，写作了《家风诗》。在这首诗中，作者通过歌颂祖德、称美自己的家族传统以自勉。

“家风”又称“门风”，这个词语在西晋出现并在随后流行，显然和“士族”“世族”“势族”“大族”“世家大族”成为社会上的统治力量有关。无论是以宗族为根基、以武力为特质的地方豪族，还是以官宦为标志、以文化为表征的名家大姓，他们政治上累世贵显，经济上广占土地，文化上世传家学，垄断了全社会的主要资源。除通过九品中正制和婚姻关系来维护门阀制度之外，他们还自矜门户、标树家风，用以抵御皇权和寒人的侵渔。正因为如此，两晋以后，这个词语渐次流行。从发轫之初，“家风”就往往和“门风”互用。我们可以将它理解为家庭的风气，将它看作一个家庭的传统、一个家庭的文化。

传统作为人类代代相传的行事方式，是从过去延传到现在的事物。没有经过较长时间的过滤和沉淀，就形成不了传统。在《论传统》的作者希尔斯看来，至少要持续三代人，才能成为传统。尽管世代本身的长短不一，但无论是信仰还是行动范式要成为传统，至少需要三代人的两次延传。家风作为特定家庭的传统，是该家庭长时期历史汰选、传统沉淀的结果，是一辈又一辈先人生活的结晶。在历史文献中，“家风”或与“世德”共举，或与“世业”并称，足见家风有别于时尚，而与“世”即很多年代、好几辈子紧密关联。在时间上持续的短暂性是时尚的特征，而家风则是历经延传并持久存在，或者在子孙后代身上一再出现的东西。正是在这个意义上，历史文献中提及“家风”一词，往往蕴含对传统的继承。如比比皆是的“不坠家风”“世守家风”“克绍家风”“世其家风”及“家风克嗣”等，无不体现了这一特点。

有一种观点认为，家风必须是健康的、积极向上的，否则，不能称之为家风。实际上，这只是说者的一种期许、一种渴盼，家风本身并不蕴含这样的意味。否则，“良好家风”就是毫无意义的同义反复。正如“文化”是使民族之间表现出差异性的东西，时时表现着一个民族的自我和特色一样，家风作为家庭的文化和传统，表现的也是一个家庭的气质和风习，反映出一个家庭与其他家庭的不同之处。它完全是一个中性的概念，并不必然具有正面的意义。有的家风可能是勤奋俭朴、为人忠厚、待人有礼，也有的家风可能是狡诈刻薄、游荡为非、跋扈凶横。如同一所学校、一个班级的风习我们称之为学风、班风，而学风有好坏之分，班风有高下之别，并不总是值得弘扬一样，家风同样也有不良的，并不都是传家宝。正因为如此，对家风或门风则就既有称誉，也有贬损。即便是在传统社会，被视为传家久、继世长的，也只有耕读、忠厚、清廉这样一些美好的品质。

的确，家风的特征在前现代、在乡村社会、在大家庭中表现得十分鲜明，格外生动，而在现代城市家庭中却不那么明显。但是，只要一个组织存在，就会有这个组织的文化，特别是这个组织如果有历史的厚重，有传统的积淀，就更是如此。作为家庭的文化，家风是附丽于家庭而存在的，只要有家庭，就会有家风。家风并不必然会因为农村的城市化、大家族被小家庭所取代而丧失，或者说，随着历史的演进，社会情势的变化，家风的具体内容肯定会有变化，但家风仍然会存在。我们可以这样认为，没有家风，本质上也是一种家风。在社会结构和家庭结构都发生了革命性变革的当今社会，人们感叹“家风”的荡然无存，其实是指家庭所秉持的“只耕田，只读书，自然富贵；不欠债，不健讼，何等安宁”这样一些古典原则的式微，是指“耕读两途，读可荣身耕可富；勤俭二字，勤能创业俭能盈”这样一些传统内容的沦落，是“志欲光前，惟是诗书教子；心存裕后，莫如勤俭传家”这样一些旧时理念的散淡，而不是家风本身的消逝。

此外，家风不同于家规。虽然这两个词都与家庭教育相关，但它们有着本质的差异。

家规是家庭或家族中的规矩，是家人所必须遵守的规范或法度，是父祖长辈为后代子孙所制定的立身处世、居家治生的原则和教条。它是借助尊长的权威，加之于子孙族众的又一重道德约束，有的甚至具有法律效力。它有家训、家诫、家仪、家教、家法、家约、家矩、家则、家政、家制等名义，有敬祖宗、睦宗族、教子孙、慎婚嫁、务本业、励勤奋、尚节俭等多方面的内容，是行于口头、针对性强的具体教诫，是见诸家书、目的明确的谆谆训诲，是载诸家谱、可供讽诵的文本规条。家规可以有多种分类，如：根据其表现形式，可以分为教诫活动的家规和文献形式的家规两种；根据内容，则可以分为针对一人一事、起因明确、内容具体、结果显豁的非规范性家规和针对整个人生、涉及方方面面的规范性家规。有的家规，着重家庭子弟的道德修养，教授为人处世要法；有的家规，集中居家治生，以至是祠堂、义庄、学塾等的管理规条。但无论如何，相对于家风，家规一个总的特点是有形的，是可视可见的。

一个家庭的家风有别于这个家庭世代相传的道德准则和处世方法，它是一个家庭的性格特征。虽然它一旦形成，也就成为教化的资源，对家族子弟具有熏染影响、沾溉浸濡的意义，但家风是一种不必刻意教诫或传授，仅仅通过耳濡目染就能获得的精神气质，具有“润物细无声”的作用。历史文献中的“渐渍家风”，就极为生动形象地诠释了这一过程。通俗地说，我们可以把家规看作教化家人的教科书，而家风则是经由长期教化后的结果。

马年春节期间，中央电视台的“家风”系列报道，引起了社会的热烈反响和高度认同。这一报道对于引导人们自觉省思，培植良好的家风，构建和谐的家庭关系，夯实家庭这一社会的堡垒，进而培养全社会的良风美俗，疗治现今社会的乱象，无疑具有积极的意义。正是基于这样一种用心，寻根杂志社主编郑强胜代表大象出版社，约请我主编这套“名人家风丛书”。

由于时间关系，第一辑的十本书都是我的学生编写的，他们有的已经博士毕业，有的还硕士在读，水平不一。尽管我们高度重视这一工作，多次在中心的例会上讨论编写事宜，但由于时间仓促，特别是水平所限，其中肯定会有这样或那样的问题。希望读者诚挚地帮助我们，不吝指教，以便我们把后面的工作做得更好。

北京师范大学国学经典教育研究中心 徐梓

2015年1月

# 目录

# 楔　子

隋文帝开皇十一年（591年），隋都大兴城。

午后的阳光明晃晃地笼罩着这座方方正正的大城，热辣辣地炙烤着平直通达的坊街巷道。在这样的大日头下，连清晨时分就开始热闹起来的都会市和利人市上，原本熙熙攘攘的人流也稀疏了许多，不时响起的说笑声和吆喝声也透出一股懒洋洋的闲适味道来。

外郭城的东南隅，曲江畔的芙蓉池上，云霞朵朵，那芙蕖香被蒸腾得愈加浓郁，纠缠着不远处寺庙的香火味道，徐徐飘散。

芙蓉池以北，敦化坊一所宅院的书房里，宽大整洁的书案上，简单摆放着乌木笔架、沉泥砚台，还有摊开的雪白纸张。砚台里的墨刚刚磨好，莹亮乌润，微风从敞开的雕花窗子吹过，满室飘着淡淡的墨香气。

一位须发斑白身着儒衫的老者正站在书案后。沉吟片刻，老者俯身从笔架上仔细挑选了一支笔，左手轻轻扯起右臂宽大的衣袖，笔尖蘸饱了墨汁，顿了一顿，在纸的最右端写下了“终制”两个字。

“死者，人之常分，不可免也。吾年十九，值梁家丧乱，其间与白刃为伍者，亦常数辈；幸承余福，得至于今……吾已六十余，故心坦然，不以残年为念。”

写到此处，老者笑了笑，眼神平和安详。是啊，自己的风气之疾已经不治，身体渐渐虚弱，每况愈下，可谓今日不知明日事。回想自己这一生，刀光剑影，颠沛流离，多次陷入进退两难甚至危及生命的境地，现在子孙满堂，能够在家人环绕下安宁终老，还有什么可求的呢？

近日心有所感，生命即将走向终点，但总要给子孙后代留下一些最后的嘱托。“聊书素怀，以为汝诫。”自初为人父，开始整理先祖教诲和自己的感悟，写作家训用以整饬家风，规诫子弟，兜兜转转已经三十余年，就以这“终制”一章作为结尾吧。

三十年前……老者平静的眼神突然泛起了波澜。他直起身，望向窗外碧蓝高远的天空，仿佛望向了遥远的过去。

北齐文宣帝天保七年（556年），北齐派遣上党王高涣护送梁贞阳侯萧渊明归梁，贞阳侯得到梁将领王僧辩的支持，力压另一将领陈霸先的强烈反对，被立为梁王，重续大统，原本流散在北齐的梁朝大臣均得到礼遇，遣返回梁。这对于因西魏入侵而流落在外心怀故国的梁朝士大夫来说，无疑是一个天大的好消息。就在这一年，时年二十六岁的颜之推做出了一个影响他一生的重要抉择。

夜色沉沉，颜之推将妻子殷氏和幼子颜思鲁扶上船，看看身前的异国他乡，再看看身后的滚滚黄河，心潮澎湃，归心似箭，然后转身上船，再不回头。

河水湍急汹涌，黑夜笼罩的河面更是有些恐怖。颜之推的心随着小船一起上下浮沉，他知道随时可能船翻人亡，他也知道小船将途经一个两丈余高的砥柱，可能有相撞的危险。但“假南路于东寻”的希望使得他的整个人和整颗心都热起来，这种热切压倒了一切恐惧。荡荡水路七百里，心似扁舟箭如飞；思归故里侍君王，谓我颜氏散骑郎！

“侠客重艰辛，夜出小平津。马色迷官吏，鸡鸣起戍人。露鲜华剑彩，月照宝刀新。问我：‘将何去？’‘北海就孙宾。’”

老者喃喃地吟诵起当时自己所作的《从周入齐夜渡砥柱》一诗，这一刻，已见干枯晦涩的脸上绽放出夺目的光彩。北海就孙宾啊！那时的自己义无反顾，心怀雀跃，若能如愿，该是何等舒畅快意！

然而，老者眼中的波澜很快平静下来。罢了，罢了！天不从人愿，谁能料到陈霸先遽起反兵，梁国就这么亡了。在这种境地下，留滞北齐，也是无可奈何。自出仕梁朝，至今日身在隋朝，三为亡国之人啊。每次想到父亲颜见远的忠烈殉国之举，相形之下，自己真是惭愧不已。但是乱世之下，颜氏家族当时已渐衰微，人丁凋落，散落他乡，若就此沉沦，族人沦为杂役小厮，必然让祖先蒙羞，这是更大的耻辱。因此，为了家族的生存，也要忍辱负重。

老者低头看看桌案上的字纸，自己历经数十年，将所有先辈的训导和自己的感悟与心得一一写下，不就是为了“整齐门内，提撕子孙”嘛！

想先祖颜回，勤奋好学，身居陋巷，箪食瓢饮，贤德称仁，不二过，得孔子喜爱，世人尊称“颜子”；九世祖颜含，少时即有操行，忠义孝悌，为官清廉，世人称其住地为“孝悌里”；三十世祖颜延之，生活简朴，博览群书，文采斐然，冠绝当世；父亲颜见远壮烈殉国，帝王嗟叹，世人赞许；兄长颜之仪慈爱宽厚，兄友弟恭。颜氏一门诗书传家，崇文尚德，忠义儒雅，必须将这家风与家学代代传承下去，如此，才可保存家族，光大门楣。

曾祖颜含曾对颜氏子孙循循劝诫：“汝家书生门户，世无富贵；自今仕宦不可过二千石，婚姻勿贪势家。”此警诫被颜氏子孙称为“靖侯成规”。颜延之作《庭诰》，告诫子孙立德立言，严慈孝悌，谦虚谨慎，善择友人，端严有度。由此可见，颜氏家风乃是一脉相承。颜氏子弟自幼接受这样的训诫，于家于己，获益良多。自己颠沛辗转数十载，身历四朝，不能说在学问上有多大的成就，却也积累了很多处世治学的心得。二十年来，断断续续写下这二十篇家训，这厚厚的书稿，凝聚了自己一生所悟之心血，希望它能够有益于后世，让颜氏子孙将颜氏的家风接续下去，使子孙后代和睦通达，家族绵延昌盛。

以我笔，写教子之方，写兄弟友爱，写家人相处、夫妻之道、治家之理。希望颜氏子孙世代孝悌友爱，家庭和睦，此之所以“齐家”也。

以我笔，写礼仪规范、自身修养，写风度节操，崇儒慕贤，勤俭自好。希望颜氏子孙高尚优雅，谦逊有礼，多交益友，尊重他人，此之所以“修身”也。

以我笔，写勤勉治学，开心明目，去空疏轻浮之风，脚踏实地，以勤补拙，学以致用，行道利世。

以我笔，写为文之道，去浮艳之文风，求平实之内容。

以我笔，写求名有度、事留余地，写慕名向善，谨随圣言，名实相符，以匡正社会之风气。

以我笔，写君子之处世涉务，使子孙免于沦为不学无术、奢侈浮夸之士族子弟，从而贻害社会。应言之有物，熟谙世务，踏踏实实，做为国有用之才。

以我笔，写治学之道，广博见闻，严谨考证，潜心研究，谈吐雅致。

以我笔，写书画杂艺，兼通以养性。

以我笔，写修心养生，培养体质，归心向善。

以我笔，交代身后之事。

老者一声轻叹，“侯景之乱”中被俘，反而促成一份机缘，自己终于得以由江陵返回建康（今江苏南京）。看到长干和白下颜家旧址，忍不住泪如雨下，徘徊流连。没有能够将父母的灵柩葬于故土，这是自己一生最大的遗憾，每次想起，都痛彻心扉啊。自己寿不久矣，只希望能有一个简朴的葬礼，不要再有愧于九泉下的父母，不要成为子孙的负担。

这样，就很好了。

轻轻搁下笔，老者凝视着墨迹渐干，沉默不语，似在回忆自己的一生，回忆自己生命中出现的人，回忆着小时候父母温暖的味道，回忆着家中饭菜的味道、战火硝烟的味道、黄河水浊烈的味道、书卷笔墨的味道、校勘心血付诸一炬时火焰的味道……

半晌，老者回过神来，将书稿小心收好，走到门前，轻轻推开木门，袍袖鼓荡，门外是清风与阳光的味道。

开皇十一年，颜之推完成《颜氏家训》，为颜氏子孙世代谨守奉行，垂范千载，影响深远。

是年，颜之推病逝于隋都大兴家中，享寿六十一岁。

第一章

# 数先世　仁孝流芳

家风，顾名思义，就是一个家族、家庭所具有的风气、风貌。家族所传承下来的，不仅仅是血脉的牵连，也有这个家族的性格。在我国古代，有书香世家，有诗礼传家，有耕读传家，有悬壶济世的杏林世家，也有诚信千金的商贾之家。祖辈的箴言教诲、行动风貌，经过时间的磨砺与积淀，便会化作最精华的营养，逐渐浸润到子孙后代的骨血之中。从一个家族成员的言行举止和修养风度，就可以感受到这个家族独特的气质。好的家风，可以泽被子孙，可以让一个家族兴盛强大，可以绵延数代、数十代乃至百代而不坠。家风的形成，虽似春风化雨润物无声，却也似一部波澜壮阔的史诗，诉说着一个家族的起伏与坚持。现在，就让我们搅动起这厚重的历史尘埃，走进曾经的颜氏家族，走近一个个鲜活的颜氏子孙，一起感受这个古老家族历经岁月洗礼的骄傲与沧桑。

## 第一节 颜姓的渊源

“参天之木，必有其根；怀山之水，必有其源。”

后世人提起颜氏家族，总要说到“琅邪颜氏”。古时的琅邪，也就是现在的山东临沂。然而，据颜氏后人所作的家族谱系及家庙碑文等记载，颜氏家族在北魏时始迁居琅邪。那么颜氏一姓究竟始于何处呢?

沿着历史的长河溯流而上，细细索寻，就会惊奇地发现，颜姓的起源竟是如此久远与辉煌，以至于颜氏后裔子孙都要拍拍胸脯说：“我们是黄帝轩辕氏的后代！”并珍而重之地将其载入谱牒之中。

颜氏后人，无论是南北朝时的颜之推、隋唐之际的大学者颜师古，还是唐代的大书法家颜真卿，都曾于各自的著述之中提到颜氏一姓的历史源头。颜真卿在《颜氏家庙碑》这部具有极高艺术价值的书法作品，同时也是颜氏一族的谱序中这样写道：“其先出于颛顼之孙祝融，融孙安为曹姓。其裔邾武公，名夷甫，字颜。子友，别封郳为小邾子，遂以颜为氏，多仁鲁为卿大夫。”

看起来似乎有些复杂，实则还是脉络清晰的，姑且在此细细道来。

## 轩辕之后

相传，黄帝轩辕氏娶西陵女子嫘祖为正妃，生下两个儿子，次子叫作昌意。昌意娶蜀山氏的昌仆为妻，生下了后来成为九黎族首领、五帝之一的颛顼（Zhuān xū）。

颛顼的玄孙，就是传火种于世、被尊称为祝融氏的重黎。重黎生下陆终，陆终又生了六个儿子，其中第五个儿子叫作安，以“曹”作为姓氏。

公元前11世纪，武王伐纣灭商建立西周之后，为了巩固中央政权的统治，开始实行分封建制，“亲戚封建，以藩屏周”。周武王共分封了七十一个诸侯国，其中封给姬姓族人的诸侯国就有五十三个，其余十八个分别封给了有功之臣和三皇五帝、商汤的后代。诸侯国君分赐五等爵位：公、侯、伯、子、男。于是，曹安的后裔——挟——就作为黄帝的后代，被分封到鲁国邹县的“郳”这个地方，称郳子国，为子爵国之一。

## 本乎邹鲁

郳子国的诸侯代代相传，一直传到郳武公这一代。郳武公的名字叫夷甫（父），字伯颜，时人称之为“颜公”。颜公生了两个儿子：嫡长子夏父和庶子友。颜公去世后，夏父继承了父亲郳子国国君的位子。

西周实行世袭制，以周天子为例，嫡长子会被立为储君，继承父位成为天子，而其他嫡子与庶子则被分封为诸侯。诸侯国君的位子也是如此世代相传，嫡长子继承父位成为诸侯，其余的嫡子与庶出兄弟封为公卿大夫。因此，公子友作为庶子，没有继任邾子国国君的资格，被别封到“郳”地建国。在得到自己的封地之后，友将原本的“曹”姓改掉，以自己父亲邾武公的字“颜”作为姓氏。一直到颜友的四世孙，才重获子爵封号，并改国姓为倪，就是“倪”姓的祖先。

那么，姓氏怎么能够随意更改呢？这一现象也是有其历史背景的。

《左传》记载：“天子建德，因生以赐姓，胙之土而命之氏。”以国土封地名称为姓氏、以字为姓氏、以谥号为姓氏、以官职为姓氏、以所居住的邑为姓氏，这就是《左传》所描述的当时社会贵族阶级获取姓氏的五种主要方式。

以封地为氏的例子很多，比如后世耳熟能详的“叶公好龙”故事里的叶公，是春秋末期楚国的贵族，也是当时著名的军事家和政治家。叶公其实并不好龙，也原本并不姓叶，而是姓沈，名诸梁。他二十四岁的时候就因屡立战功，被楚昭王封于叶邑为尹，被称为叶公，他的子孙也就以封邑为氏，开始姓叶了。孔子周游列国之际，因为仰慕叶公的显赫声名，曾专程由蔡国赶到叶邑见叶公，二人的交流与讨论被孔子的弟子记载于《论语》之中流传于后世。叶公就是叶之一姓的鼻祖。

而像颜友这样以长辈的谥号或字为姓的也不鲜见。如郑穆公的儿子叫公子騑,字子驷。子驷的孙子带和乞就以驷为姓氏了。由此可见，获得封地的公子友重改姓氏，把父亲伯颜的字作为自己的姓，是当时社会的一个普遍现象。

颜友有一个儿子叫作颜爽，和父亲一样也是庶出。在当时的世袭制度下，诸侯国庶子的庶子是很难得到封地建国的资格的。于是，颜爽出仕，成为鲁国的大夫。自此，颜氏家族子弟主要的活动区域就在鲁国了。

## 琅邪颜氏

颜之推在《颜氏家训》的《诫兵》一篇中也说道："颜氏之先，本乎邹、鲁。"自颜爽开始，颜氏子孙世代在鲁国出仕，但官却越做越低，从大夫一路下滑到了"士"（当时的知识分子阶层），以至于传到颜回这一代，生活拮据，穷困潦倒，连吃饭都成了问题。

而现在所说的琅邪颜氏，则兴起于六朝时期，始于北魏时期的颜盛。颜盛先后任青、徐二州刺史，获赐关内侯，地位相当于身负爵位的一省之长。颜盛做官的时候，亲属家眷也随他迁移。在赴任徐州刺史的时候，颜盛便将举族亲眷从鲁地（今山东曲阜附近）迁移到琅邪郡临沂县。而颜盛的曾孙也就是颜之推的九世祖颜含，于北胡南侵（亦称"五胡乱华"）之时，随晋元帝南渡，迁居到建康以南的长干，将家族所居之地称为颜家巷，仍以琅邪为颜氏郡望，其后，无论身在何地，颜氏子孙都一直以琅邪颜氏自称了。

说到这里，为什么后世早已不在琅邪居住，还要一直固守着原来的郡望作为家族的名称呢？这还要从九品中正制讲起。

九品中正制，又被称为九品官人法，于魏文帝黄初元年（220年）制定，旨在选拔官吏。朝廷专门设立中正官，负责评议考察人物，拟出考察评语，划定授职品级，最后上呈吏部决定。选拔出来官吏的品级分为九等：上上、上中、上下、中上、中中、中下、下上、下中、下下。九品中正制规定，中正考察人物有三个标准：家世、品德与才能。

朝廷的出发点是好的，希望通过这个官吏选拔制度，做到唯才是举，广纳天下俊彦。然而在中正官的评语里面，道德与才能一般就是寥寥几笔，概括一下某人德高才高，抽象得很，而这家世门第可是实实在在的。《太平御览》就曾转引《晋阳秋》中的记载：“陈群为吏部尚书,制九格登用,皆由于中正。考之簿世,然后授任。”这里的“簿世”就是家世的意思。

中正们的算盘可是打得很精的，选拔士族子弟，既不违反制度的规定，卖了好大一个人情，又有诸多好处可拿，反之，从寒门子弟那里得到的利益就太少了。于是，家世就心照不宣地成为最主要的考察标准了，以至于从魏晋到南北朝，竟逐渐形成了“上品无寒门，下品无士族”的局面。在这种情势下，士族子弟纷纷标榜自己乃家门煊赫，渊源有致，血统精纯，根正苗红，连带着谱牒之学也热门起来。

对于颜氏家族而言，颜姓的始祖为庶出，说起来不太好听，并且移居琅邪之前的家谱断断续续，很多已经无从考证了。而自颜盛迁移到琅邪之后，颜氏家族才逐渐壮大兴盛起来。因此，颜氏后人便以琅邪为祖地，自称“琅邪颜氏”，这一称号就此固定下来，代代相继，绵延至今。

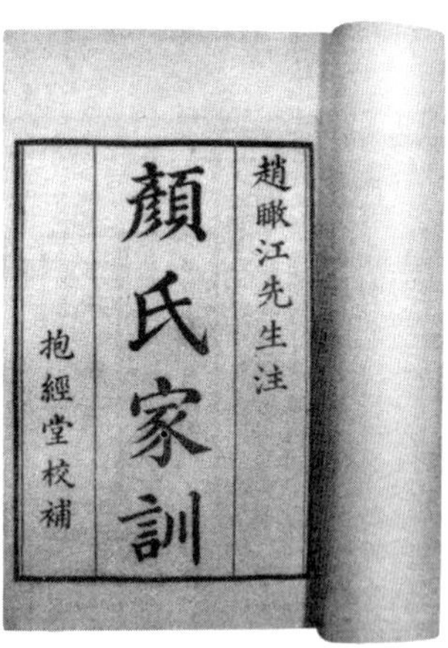

《颜氏家训》书影

“永嘉之乱”起，晋室东渡，颜氏作为南渡的百家士族高门之一，是有比较高的声望的。这声望一直绵延到六百年后的中唐，历经十余世而不衰。而这种传承的生命力与颜氏世袭相传的儒雅、忠义、仁孝的家学与家风是密不可分的。

颜之推在《颜氏家训》中便曾说到颜氏“世以儒雅为业”，而这种儒雅之风则可以远远追溯到孔子的年代。

“仲尼门徒，升堂者七十有二，颜氏居八人焉。”而这八名孔子门下升堂入室的颜氏弟子，其中之一，便是孔子最喜爱的学生，后世尊称为“颜子”和“复圣”的颜回。

## 第二节　陋巷有颜儒

周景王二十四年、鲁昭公二十一年（前521年），这本是春秋历史上平平常常的一年。然而，这一年，华夏大地的上空，仿佛笼罩着无比厚重的空气。在这份令人心头压抑的厚重中，又好像隐伏着躁动的暗流。

距那时约150年前，西周幽王烽火戏诸侯，最终玩火自焚，死于犬戎兵乱。而后他的儿子平王继位，迁都洛邑（今河南洛阳），建立东周，从此，周王室逐渐式微。而“周朝正统”这枚镇压天下的大印方一松动，众多诸侯国的野心也就蠢蠢欲动起来。这百余年来，诸侯国之间明争暗斗，世世代代地较着劲儿，一窝蜂地挤在名为“称霸天下”这座独木桥上。

与此同时，这些诸侯国的内部也不安宁，权臣名门干政擅权的事情也为数不少。就拿鲁国为例：鲁国世代姬姓，是周王室的宗邦，也是比较大的一个诸侯国。王室东迁式微之后，天下渐渐“礼崩乐坏”，各自为政，但是鲁国依然保存并施行周礼。时人称“周礼尽在鲁矣”，其他诸侯国的国君也知道：学周礼，到鲁国。然而，就是这样一个“礼仪之邦”，依然有着“陪臣执国命”的烦恼。所谓“陪臣”就是向诸侯称臣的卿、士大夫及其家臣。鲁昭公时，三桓（孟孙氏、叔孙氏、季孙氏）并立，实力大涨，屡屡干政，把持大权，逐渐成为国家统治者的威胁。

实际上，生活在鲁国国都曲阜的平民百姓们并没有国君和卿、士大夫那样敏感的政治神经，对于他们来说，陪臣大姓之间的杀戮，国君的愤怒与无奈，诸侯国之间的争霸，这些都是有些遥远的事情。这一年，距离鲁昭公忍无可忍讨伐季孙氏却落得败走齐国还有不到四年的时间。

就在这一年的夏历十一月，鲁国人迎来了昭公二十一年的第一场雪。

## 父子同师

大雪漫卷，纷纷扬扬笼罩了整个都城。百姓们走出家门，顷刻间便沾湿了衣服鞋袜。但是人们还是兴高采烈：瑞雪兆丰年呀！看这鹅毛大雪，是个好兆头！孩子们可没想这么多，早就兴奋不已地呼朋引伴，街头巷尾地打起雪仗来了。

一位身着宽大青色长袄的高大男子不疾不徐地行走在巷道之中，看年纪大概三十到四十岁。男子偶尔躲闪着欢叫奔跑的顽童，嘴角有着淡淡的笑意，欣赏着雪中市井之乐。他叫孔丘，自幼勤奋，满腹学识，虽然经过困顿生活的磨砺，但功夫不负有心人，孔丘年纪轻轻便崭露头角。二十三岁时他便于阙里家中设私校开坛讲学，开始广纳门徒，悉数传授自己“复兴礼乐，推行仁政”的学说与思想。想到此处，男子胸中激荡着欲展平生抱负的豪情，更加踌躇满志起来。

身侧一条略显破败的巷弄中，蓦地传来一阵初生婴儿响亮的啼哭声。感受到一个新生命的降生，男子更加喜悦，抬头看了看纷飞的大雪：“果然是好兆头！”

从很小的时候起，颜回就记得父亲颜无繇（yáo）耳提面命的教诲：颜家的先祖是鲁国的大夫，祖上曾经几代都是鲁国的贵族，虽然家道中落，不复高门盛况，但身为贵族之后，仍要读书向学，做一名行止端方的士人，不让家族蒙羞。小颜回将这些话牢牢记在心里，在父亲的指导下，读书分外努力，并从中得到了莫大的乐趣。

颜回十三岁那年，迎来了他生命中最重要的转折点。

一日午后，太阳将坠未坠，天色尚明，微风柔和而温暖。陋巷内一座普通的小宅院里，颜回正拿着一卷书简，靠坐在院子中的井沿儿上，读得津津有味。突然耳中听得“吱呀”一声，抬头一看，父亲颜无繇正推了大门进来。

颜回像 台北“故宫博物院”藏

颜回赶紧站起身来，轻轻拍掉下摆的尘土，惊讶地问道：“父亲，酉时未到，今日这么早就回来了？”

颜无繇看着展卷苦读的儿子，不禁欣慰地点了点头：“今日事情不多，而且还有一件事情要和你商量。”

父子二人回到房中席上坐定，颜无繇说道：“这些年来，我除了每日应卯，忙于公务，还有一件对我来说很重要的事情，就是利用暇余的时间，去聆听孔子的教诲，向孔子请教心中的困惑。”

颜回点点头。这个他是知道的，从自己记事时起，父亲便已拜入孔丘门下，每每工作之余，都尽量挤出时间去孔丘处，风雨无阻。而且听闻孔丘越来越声名大噪，甚至受到国君与卿、士大夫的礼遇，慕名而来求学求教的人络绎不绝。尤为难得的是，孔丘收徒有教无类，不拘出身，均悉心教导，弟子都尊重他，称他为孔子。

对于孔子，颜回也是非常崇敬与向往的。父亲每蒙教诲，有所心得，就会和自己分享讨论，孔子之语每每带给自己极大的启发。因此，父亲身为孔子的弟子，颜回深感与有荣焉。

颜无繇接下来的话，让颜回欣喜若狂。

“你读书如此用功，为父心里高兴得很。现在你已经打下了很好的基础，遇事能有自己的见解，我能教你的已经不多。而且你已十三岁，是为舞勺之年，按例应该开始学习诵诗礼乐了。深山璞玉，精雕细琢，方可成器。你现在需要一位名师指点提携呀！我打算将你引荐给我的老师孔子，你认为如何？”

颜回心中兴奋不已，忙不迭答应。能拜孔子为师，这正是自己梦寐以求的事情啊！

次日，颜无繇告了假，取出一些积蓄，到市场买了两吊干肉回来，再加上族中田地里出产的一些新鲜菜蔬，充作拜师的束脩。等到颜回整理停当，髻正衣洁，颜无繇便带着他到孔子处，行三叩之礼。由此，父子二人便同为孔门弟子了。

## 解语行仁

颜回拜师时，先入门的曾点、子路、子贡等师兄已经小有名气了。甫入师门，作为最小的弟子，颜回就像一块海绵渴切地吸收着养分。

因为他的性格本就有些沉静内敛，过了一些时日，孔子才对他有了更深的了解。有一次，孔子笑着对门人弟子说："我整天向颜回讲学，他倒是听得认真，却很少提出反对意见，不怎么说话，像个蠢人一样。不过后来我看他的言行，却对我的话听进去了，有自己深刻的理解，看来，颜回一点儿也不蠢哪！"

听到老师这番话，弟子们也笑了。这个小师弟敦厚谦和，勤奋好学，又聪敏得很，孔门上下都很喜欢他。自师弟入门以后，连众多弟子之间的日常相处也好像变得更加和谐融洽了。

说到好学聪敏，这一点连师兄们也自叹弗如。孔子曾经问得意的弟子子贡："你和颜回哪个更强一些？"子贡回答："我怎么敢和颜回比呢？我聆听老师的教诲，能够闻一而知二，颜回却能做到闻一而知十。"

孔子点点头，深以为然。他所欣赏的，就是能够举一反三的学生，而不是人云亦云没有主见的人。颜回的勤奋与学习的热情连他也要动容，别的学生或多或少偶尔懈怠一下也是常事，只有颜回始终如一的勤勉。哀公和季康子都曾问过孔子："您的弟子中，谁最好学？"孔子均回答："是颜回啊！我这个学生既好学，又胸怀宽广从不迁怒，犯过一次错误，能够做到决不再犯。"对颜回评价甚高。

孔子非常重视学习之后的实践，而这一点颜回做得很好。颜回每承师训，都要躬行。他曾多次向老师讨教什么是“仁”，孔子告诉他，仁就是克制自己的欲望，遵守礼制，仁就是怀悲天悯人之心，善利天下。从此以后，颜回就真的能做到非礼勿视，非礼勿听，非礼勿言，非礼勿动，与人为善，襟怀天下，时时刻刻以“仁”作为自己的行事准则。

在一次课堂上，一贯好勇直爽的子路说：“如果别人对我好，我就对他好；如果别人对我不好，我也不会对他好。”圆滑机变素有辩才的子贡想了想，说：“如果别人对我好，我也就对他好；如果别人对我不好，我要审时度势再决定。”而颜回的回答是：“如果别人对我好，我也对他好；如果别人对我不好，我还是要对他好。”秉持本心，以仁待人，颜回真是一个忠厚的君子啊！

## 孔颜乐处

不仅如此，孔子也相当欣赏颜回的安贫乐道。在师门，颜回的衣着一贯朴素，甚至有的还打了补丁，看来他的家境不是太好。曾有一日，孔子路过陋巷，看见颜家木门虚掩，便走了过去。只见颜回正一只手端着一瓢井水在喝，另一只手端着一碗吃了一半的白米饭，饭里也不见什么菜蔬荤腥。看了这一幕，孔子不禁心下恻然。然而，颜回却灿烂地笑着说：“井水足以解渴，白米足以充饥，足矣！”

之后，孔子曾问过颜回，既然家贫，为何不愿出仕？颜回这样回答：“弟子现在不愿出仕。现在家中在城郭之外有田五十亩，在郭内有田十亩，能够出产些丝麻粥饭，填得饱肚子。而对我而言，能够聆听老师的大道之言，闲时弹弹琴，就是最大的乐趣了。所以弟子还不愿出仕。”

有一天，天刚蒙蒙亮，颜回就出了家门，兴冲冲地上学去。刚走不远，阳光一晃，路边的一抹亮色引起了他的注意。他走过去，看到一块黄澄澄的东西，拾了起来，入手甚重，原来是一块金锭。这块金锭放在当时可以购买许多东西。但颜回笑了笑，说："我不需要这块金锭，还是给真正的穷人吧！"他将金锭一抛，加紧脚步上学去了。

孔子周游列国之际，颜回和子路、子贡等入室弟子一路追随左右。孔子一行曾经被困陈蔡之间，粮食都吃完了，大家都很饥饿。子贡四处奔走，终于弄来了一点儿米，像宝贝一样献给孔子。孔子让颜回到棚檐下生火做饭。饭已经快要煮好的时候，忽然一阵风刮过，从棚檐上扑棱棱地掉下许多尘土来，正落到热气腾腾的锅里。颜回愣了一下，随即操起了勺子。这时子贡走过，正看到颜回从锅里舀饭送入口中，不禁怒不可遏，跑去向孔子告状了。孔子大奇："颜回怎么可能偷吃？我想一定另有原因，把他叫过来问个清楚。"颜回入内，孔子让他把米饭拿来，颜回忙解释道："刚才檐上灰土弄脏了米饭，我不能把脏的米饭给师长和师兄吃，扔掉又太可惜，于是把沾上灰土的米粒盛了出来吃了。"大家这才知道误会了颜回，对他更加敬重喜爱。

箪食瓢饮不改其乐，财帛米粮不动其心，知足而无欲，无欲而益刚，安贫而乐道，堪比古之圣人，这就是颜回啊！正如老子所言："名与身孰亲？身与货孰多？得与亡孰病？是故甚爱必大费，多藏必厚亡。知足不辱，知止不殆，可以长久。""祸莫大于不知足；咎莫大于欲得。故知足之足常足矣。"

孔子自己也是这样的人。孔子曾经对弟子说："哪怕让我吃着粗粮，喝着冷水，睡觉时只能枕着自己的胳膊，我也是乐在其中呀！做不正当的事才能得来的富贵，在我看来，就像浮云一样。”孔子小时候家里也很贫穷，为了糊口，他甚至做过看管仓库的小吏，但他一直读书不辍，四处求学，终于以德行学识扬名天下。因此，看到境遇心性相似的颜回，孔子自然既觉亲切又觉欣赏。

## 大哉颜回

难能可贵的是，颜回知足安贫，却并非不问世事一味无为，他的心中是有着远大的理想抱负的。孔子曾携子贡、子路、颜回这三大弟子同游戎山。登顶之后，孔子道：“你们三个人都说说自己的志向吧，我来听一听。”子路最为嘴快爽朗，每次都是第一个发言，这次也不例外，他说：“我愿披上战甲，擂起战鼓，竖起翻飞的旌旗，在战场上指挥若定，所向披靡。”孔子道：“这是勇士了。子贡呢？”子贡忙道：“我希望能够穿戴着宽袍高冠，出使于两国之间，不动一刀一兵，不费一粮一钱，就可维护邦交，使两国子民相亲相爱如同亲兄弟一样。”孔子点点头，说道：“这是辩士了。颜回，你呢？”颜回肃然，答道：“桀纣与尧舜不可同时而治，有两位师兄在，我不敢说什么了。”孔子道：“你不用自贬，但说无妨。”颜回道：“我希望能够辅佐圣明的君王，自己担任宰相，治理国家，使国家不再需要修缮城墙，开凿沟渠，使风调雨顺，使家给人足，使刀兵入库，使农垦大兴。”听到此处，孔子朗声一笑，连连拍掌，赞叹不已：“这可谓大士了！子路的特质是勇，子贡的特质为智，颜回你可称得上‘仁’了！”

颜回是孔子得意的学生，他的聪明才智也受到国君和权贵的重视。

一次，鲁定公邀请颜回到宫中，二人坐在高台之上，适逢东野毕驾着马车从台下经过，鲁定公道：“东野毕的马车驾驭得真好啊！”颜回道：“好是好，不过即便如此，他的马一定会逃跑。”鲁定公听了这话很奇怪，也有些不高兴，进入内室后，对左右的人说：“原来君子也在背后说别人的坏话！”结果三天后，一名校尉向鲁定公禀报：“东野毕的马逃跑了！车两旁套马的缰绳都断裂了，只剩下两匹马回来。”鲁定公闻言大惊，从席位上站起来急急吩咐：“快快驾车去接颜回来！”

颜回来到之后，鲁定公向他请教：“先生是怎么知道东野毕的马一定会逃跑的呢？”颜回答道：“驭马和为政其实是同一个道理。从前舜很善于借民之力，而造父很善于驾驭马匹。舜从来不把百姓压榨到山穷水尽的境地，造父也从来不穷尽马力让其疲于奔命。所以舜治下的百姓安定，没有逃逸的，而造父手下的马匹也没有逃跑的。臣看东野毕驾驭马匹，甫一上车就将辔头拉紧，马衔口紧紧卡在骏马口中，不论是小跑踏步，还是飞快驰骋，都严格拘束着马匹。一旦驱车行走在艰险僻远的地方，马很容易精疲力竭，可是东野毕还要求马不停地跑。根据这些，臣就知道，他的马一定会逃跑。”鲁定公大赞：“说得不错。先生还可以说得再深入一些吗？”颜回答道：“臣听说鸟被逼到绝境就会奋起啄人，走兽被逼到绝境就会奋起伤人，人如果被逼到绝境就会欺诈别人，生出不好的心思。从古到今，还从没有穷尽民力而自己不身陷险境的。”鲁定公听了，连连称善，道：“先生说的是，这方面寡人也有过失呀！”

借着东野毕马匹逃逸这样一件事，颜回便委婉地向国君说明了，只有施行仁政，推行宽松的政策，与民休息，才能保全社稷安定。这样寓说教于隐喻之中，旁征博引，反而比直言进谏更容易为国君所接受。

颜回的仁政思想和处世风格与孔子甚为契合。孔子甚至对颜回这样说过：“当用到我的时候，我就不遗余力，尽心工作；不用我的时候，我就韬光养晦，修养自身。只有我和你才是这样吧！”这可算是孔子对颜回高度的赞扬了。

## 情如父子

“仰之弥高，钻之弥坚；瞻之在前，忽焉在后。夫子循循然善诱人，博我以文，约我以礼。欲罢不能，既竭吾才，如有所立卓尔。虽欲从之，末由也已。”这是一次孔门入室弟子们围坐在廊下交流学习心得时颜回的慨叹。在他的心中，孔子就像巍巍高山，就像广袤大海，渊渟岳峙，学养浩瀚。自己的梦想，就是有朝一日能够达到和老师一样的高度，因此，自从入门后，不停地攀登、追赶，再也不想停下脚步。

颜回的慨叹，听在子贡等师兄弟耳中，引起了深深的共鸣。颜回说出了他们的心声，欲罢不能啊，就是这种感觉！对于颜回，同门的心中既有怜惜，有羡慕，又有着由衷的敬佩。怜惜他入门较晚，家境贫寒，羡慕他得恩师钟爱，青眼有加，但更敬佩他的苦学不辍、谨守言行、聪敏机智、淡泊名利。可以想见，假以时日，颜回在学术上的成就，以及如果他走入官场在政治上的成就，都是不可限量的。

然而，谁又能想到，凛凛风雨摧秀木，烈烈霜雷斩鸿鹄！

从鲁定公十三年（前497年）到鲁哀公十一年（前484年），颜回追随恩师孔子周游列国整整十四个春秋，回乡之时，正值壮年。回到鲁国后，孔子怀才不遇，一心整理古籍，编订六艺经传。颜回也看到，在这用拳头和阴谋说话的大争之世，他和老师所提倡的礼乐仁义，是不会被这些要么争霸争红了眼，要么战战兢兢如虎狼在侧的诸侯国君所接受的。于是，颜回便也放弃了出仕做官的念头，像老师一样整理起典籍来。

颜回家贫，娶妻生子之后，更是捉襟见肘，虽不至于总是箪食瓢饮，却也是粗茶淡饭，聊以糊口。他身体本就不是很硬朗，整理典籍的时候，更是心力交瘁。

在当时，书籍文字的记录不像后世使用纸张一样方便，而是密密麻麻地刻在一条条宽约一指的细长竹片或木片之上。将这些竹简或木牍按照顺序用鞣过的熟牛皮细绳捆扎卷起，就成了一卷书。这种简书笨重不说，也难以保管，竹木若保存不当，极容易吸湿膨胀，皮绳脱落断裂也是常有之事。而一旦皮绳散开，简牍顺序错乱，就会给后人的整理和阅读造成很大的麻烦。

然而，这项工作必须有人去做，且只有才学渊博之人才做得了。将在岁月战火中散落零乱的文字理顺，且加以切要注释，对于典籍的流传，文化的保存、发展与振兴，都将起到关键的作用。因此，孔子和颜回选择整理典籍的举动，实际上是一项非常艰辛的浩大工程，然其价值和对后世的影响难以估量！

颜回的书案上，每天都堆满了大量的书简，很多书简已经破损零落。他没日没夜地埋头在这些书简之中，忘记了一切，不停地解读、思考、排列，再将自己的心得一笔一画地刻在新的竹简之上。日复一日，颜回的心血渐渐耗尽，连头发都变白了。他的生命就如那风中之烛，挣扎，黯淡。

鲁哀公十四年（前481年），鲁哀公带着大臣们到鲁国的西郊春狩，猎杀到一只非牛非马非羊非鹿的怪兽，孔子指认其为麒麟兽，鲁哀公大喜，认为这是天降祥瑞之兆，满朝欢腾。然而孔子却高兴不起来，反而满怀忧虑。

“唉……”孔子坐在几案后，望天长叹。“如今并非太平盛世，而麒麟降世，身遭横死，实非祥瑞啊。我周游列国十三年，如今已七十一岁了，始终不得大用，难道我的命运也和这麒麟一样吗？”

这时，子路踉跄着走了过来。孔子诧异地看着他，只见子路面色苍白，双眼血红，隐有泪光。

“老师，颜回他……去了……”

“什么！”孔子大惊之下，蓦然站起身来，带翻了几案。

孔子急匆匆驾车赶到颜家陋巷，推开木门，扑面而来的是满庭悲咽。一些孔门弟子已经闻讯赶来，与颜回家人一起，恭敬地将孔子迎入东侧的草屋，那里是停放颜回灵柩的地方。

看着昔日爱徒英气尚存却已须发皆白的面容，孔子不禁心中大恸，捶胸顿足，痛哭失声。

“颜回呀！这……老天爷这是要我的命，要我的命呀！”

弟子们大惊失色，赶紧扶住孔子，低声劝解：“老师，您不要太过伤心了，小心伤了身体。”

“太过伤心了吗？我怎么能不伤心？”孔子连连顿足，老泪纵横。“唉……颜回事我如父，我也把他看成自己的儿子一样呀。我不为颜回这孩子伤心，还能为谁伤心呢？”

弟子们也难抑悲痛，纷纷泪下。谁也没有想到，众人一直友爱敬佩的颜回，就这样英年早逝了，令人扼腕叹息。子贡知道颜无繇与颜回家贫，便私下将师兄弟们召集到一起，商量集合众人之力，宁可违反穷人薄葬的礼制，也要将颜回隆重厚葬，全同门之情谊。事后，孔子得知此事，摇头长叹：“我的儿子伯鱼去世的时候，我都依照礼制，没有厚葬他。颜回待我如父亲一样，在这件事情上，我却没能待他像儿子一样，你们呀……”

颜回的葬礼过后，孔子失魂落魄地回到家中，心里悲痛欲绝。想起周游列国被困在匡地的时候，颜回最后一个突围赶来，焦虑惊恐之下，自己忍不住冲口而出：“我还以为你死了呢！”颜回对自己深深一拜，道：“您还在，我又怎么敢去死呢？”那孩子眼中的孺慕与坚定，自己永远都记得。还有，自己受困于陈蔡之间的旷野，断粒绝粮之时，曾经问过身边弟子：“《诗经》有云：‘匪兕（sì）匪虎，率彼旷野。’难道我的主张是错误的吗？如何落到这步田地？”颜回当时是这样回答的：“老师的主张没有错，别人不接受是他们的事。而我们最重要的是修好自身的道。如果我们的道没有修好，那么是我们自己的过错。如果我们的道是好的却不被采纳，则是那些人的损失。坚守自己的道，这才是君子的修养与原则。”颜回真可谓是众多弟子中最了解自己的啊！

颜庙，原名复圣庙，位于山东省曲阜市城北陋巷街

多年过去，直至逝世，孔子依然常

常想起颜回这个自己最喜爱的弟子，黯然神伤。哀公和季康子来拜访孔子的时候，都问过同一个问题：“您的弟子中，谁最好学？”孔子也做出了相同的回答：“是颜回呀！可惜，他早早就过世了，没有其他人像他一样好学了。”

一千年，两千年……孔子的儒学思想薪火相传，不断壮大，最终被奉为天下正统。孔子被尊称为圣，而被孔子盛赞为德行科之首的颜回，亦被后世封为“复圣”“颜子”，于孔庙之中，陪侍于他生前始终敬爱如父的老师身旁。代代飘举的香火中，似乎一直缭绕着孔子沉痛的悲呼：“天丧予！天丧予！……”

## 第三节　廉孝双兄弟

据明代《陋巷志》记载，自春秋战国以降，到东汉末期，颜回的后裔人丁凋落，代代单传，长达七百多年。在这七百多年里，经历了百家争鸣和焚书坑儒，孔子思想指导下的儒学和儒家弟子们遭受了重大的打击，一度一蹶不振。而颜氏一直以颜回先祖为荣耀，秉持着儒家的仁孝书礼，于是不可避免地在学术上和仕途上受到冷落。直到西汉“罢黜百家，独尊儒术”，险些枯萎的儒学才如久旱逢甘霖，快速地蓬勃壮大起来。而世奉儒学的颜家，也逐渐迎来了春天。

话说颜氏香火飘摇，跌跌撞撞地勉强延续到了颜回的二十三世孙颜敫（jiǎo）这里。颜敫以州举茂才起家。这“州举茂才”是什么意思呢？西汉武帝为了提拔优秀官吏，选拔出色人才，颁布了“察举制”，顾名思义，察孝廉，举茂才。文帝时，又下诏“举贤良方正能言直谏者”。“茂”字，在古代是“美”的意思。所谓茂才，就是良才美质可堪大用之才，一般由一州的长官推举，直接聘用。因为茂才的名额非常有限，一年全国才十余名，对德行、才能的要求很高。因此，在汉代，被举为茂才者一般是有比较高的身份和社会地位的。汉献帝建安年间，颜敫又被提拔担任御史大夫一职，负责为皇帝提供诤言直谏，监察百官。

颜敫生了两个儿子——颜斐和颜盛，颜氏终于不再单传。而这两个儿子也相当争气，一个素有官声百姓爱戴，一个则开启了颜氏兴盛的开端。

## 颜斐兴农

颜斐，字文林，东汉末年举孝廉出身。举孝廉和举茂才有一些不同，“孝谓善事父母者，廉谓清洁有廉隅者”。茂才一般是州长官从州内绩效比较出色的官吏中举荐，而孝廉则是以郡为单位，多从具有深厚儒学素养、博学多才、有孝行且行事清廉方正的人中推选，不仅限于已经任职的官吏，普通儒生也有机会。不过，被举为孝廉也是不容易的事情，人口较多的郡，每年也只能举荐一人。颜斐能被举为孝廉，可见他的才学品德是毋庸置疑的。

当时还是丞相的曹操任命颜斐担任太子洗马一职。太子洗马，由“太子先马”而来。“先马”，有马前之卒的意思在里面，太子洗马就是太子太傅的属官，随侍在太子也就是未来的天子左右。当太子即位以后，属官往往就会受到提拔，成为皇帝在朝廷中的耳目和心腹。因此，这个职位是非常重要且有前途的。

220年，曹丕立国，建立曹魏，称魏文帝。登基之后，文帝大量提拔官员，稳定朝政。这一年，颜斐获封为黄门侍郎，掌管宫廷门户，随从文帝出行。黄门侍郎隶属尚书台，一般在尚书台工作三年以上的人可被称为侍郎，然后由朝廷酌情寻机外放出任。所以在被封为黄门侍郎后不久，颜斐就被任命为京兆郡的太守了。

京兆郡是曹魏建立后设立的新郡，包括原西汉都城长安及周边地区，地理位置和政治地位都比较重要。作为一郡太守，颜斐的职责包括推举孝行廉洁出色有功之士，考核管理官吏，以及负责决断诉讼、统筹经济、监督农垦等一切和民生有关的诸多庞杂事务。

其时，颜斐面对的京兆郡已经是一个烂摊子。权力更迭，三国争霸，军阀混战，连年战火的摧残使得昔日的皇城早已不复繁华景象。尤其是马超乱起，攻破长安之后，强迫百姓上缴大量粮食以缓解军粮的不足，而不是为百姓的生存作长久的打算，以至于长安城及其附近的百姓无心生产务农，贫困不堪，田地荒芜，民不聊生。

颜斐的车马辚辚驶入长安城，一路上，所闻所见的民生凋敝、满目疮痍、道路拥塞的景象令他满怀忧虑。到任之后，颜斐马上着手接管政务，走访调查。他发现百姓贫苦，付不起赋税，对政府的官吏怨声载道，而收税的官员也是有苦难言，百姓的苦处他们明白，可也要向朝廷交差呀！颜斐仔细思量，认为只有让百姓富足起来，才是解决一切问题的根源。

于是，新官上任三把火，这第一把熊熊大火，就烧在了兴农兴耕上。颜斐将下属的县吏全部叫了过来，仔细询问了每一个县农耕和农户家庭的情况，并制订了详细的计划。很快，这些县的官吏就在颜斐的动员下行动了起来，带领着百姓，修整田地，修缮疏通道路河渠，并专门开垦出果园桑林，种植果树和桑树。一年甫过，农事便有了开始复苏的迹象，交通驿路也通畅了许多。

当时农耕的技术远没有今天这样发达，如果没有牛和车，就只能靠人力去播种、犁田、收获及运输，费时费力，效率低下。然而，京兆郡百姓大多穷苦，买不起车和牛，因此，青壮劳动力较少的家庭，耕地就存在着很大的困难。颜斐苦思冥想，终于灵机一动，想出了一个好主意。他敦促百姓，利用春冬农闲的时候，进山伐木，琢成木料，交给造车的工匠来做。那时耕田运输用的车，犁辕轮辐还有可以载人载物的车身都是用木头做的。如此一来，原材料的钱省下了，车的价格就大大降低到百姓可承受的范围之内了。

车有了，那么牛又从哪里来？颜斐又想出了好主意。他动员手下负责农事的官吏，敦促和帮助所辖的农户饲养家畜，于是家家都养起了猪和狗。猪、狗易喂养，剩饭、杂粮、麸皮、草料均可做其食物，狗可以看家护院，猪的排泄物又可以积攒起来肥田。这些家畜养肥了之后，拉到城里的集市上可以换得不少银钱。如此一来，一举多得，农户手里逐渐有了钱，足够买牛之用，甚至还有不少结余。

一开始，颜斐的这些举措并没有得到百姓们的理解。在百姓们看来，新上任的颜太守就是个太能折腾的官儿，农闲的时候也闲不着，要养猪养狗，还要上山伐木，协助修路，如此辛苦，他们还是颇有怨言的。然而，两年的时间过去了，百姓们忽然发现，自己有了车，有了牛，有了更多产的土地，有了更省力的工具，有了更多的余粮余钱，日子比以前不知道好了多少。虽然每日都是忙忙碌碌，可是无比充实、踏实、有干劲儿！而且，不仅仅是农户受益，连带着造车的工匠和卖肉的屠户也都开始发家致富起来，往来的商旅也得到不少实惠。由此，百姓们明白了颜斐的苦心和用意，对这个太守充满了由衷的爱戴和感激之情。

## 勉学敦教

颜斐成长于书香门第，自小就和兄弟颜盛一起被父亲督促着读书习作，家教甚严。他不仅牢记先祖颜回以仁义教化天下、富民利民、“无伐善，无施劳”的思想与操守，也相信知识是能够改变命运的。尤其自从西汉独尊儒术以来，儒生的地位有了很大的提高，读过书，有一定的学识，就有更多的机会受到政府的重用。何况诗书的熏陶能够使人明智、明理，无疑是最好的教化方式。

贫而教，易为饥寒所累；富而教，则可事半功倍。颜斐知道这个道理，他见到在自己上任两年的时间里，百姓逐渐富足，不再为衣食担忧，觉得这是鼓励推广读书的一个好时机。

在颜斐治下，如果有官吏或百姓想要读书的，颜斐都大力支持，让他们服小徭。所谓小徭，是汉魏时期徭役的一种。服小徭的人，需要服从官府的安排，做官府指定的杂使，也被称作杂役。至于这杂使，颜斐没有安排繁重的工作，而是在官署中开辟了一个菜园，让这些官吏杂役利用工作与读书的闲暇时间管理一下菜园，工作既轻松，又为官署节省了一些饮食用度。

《汉书》中曾描绘了缴纳租税的景象：“大家牛车，小家担负，输租襁属不绝。”此时的京兆郡，经过颜斐的治理，已经颇为富足了，缴租的时候，不仅仅是“大家牛车”，而可以说是“家家牛车”了。每到这个时候，颜斐就会提前发下通知，要百姓们在牛车上顺便给他捎来两捆柴火，作为给读书的人冬天寒冷时取暖及笔砚之用。这对百姓来说根本算不上负担，百姓也很乐意去做。

在这样的氛围下，读书的人既为政府做了贡献，又保证了读书的时间，更重要的是，得到上至官府、下至百姓的支持，心中温暖感动，更加有动力努力读书，无形中也带动了更多人读书进取的意愿。几年之后，整个京兆地区风化大行，百姓更有教养，读书人更受尊重，凡是来到京兆的人，都感受到了这里翻天覆地的变化。

## 为民请命

魏明帝青龙中期（235年前后），明帝曹叡（ruì）派宣王司马懿带兵驻守京兆。司马懿治下虽严，却也难以面面俱到，经常有官兵滋扰民众，尤其以军市侯的部下为最。军市侯是军队中掌管军市的官，负责和百姓进行贸易活动，换取军中所需。结果在贸易过程中，军市侯的部下以势欺人，用压价强买等手段欺辱百姓。本来这种事情应该由郡尉或县尉这样掌管军事刑狱的武官来出面处理调停，然而面对司马懿的官兵，这些人竟都是敢怒不敢言了。

这也不怪这些郡尉和县尉们，司马懿历任大将军、大都督、太尉和太傅，南北征伐，战功赫赫，更是曹魏四代托孤辅政之重臣，可谓权势滔天，等闲之辈是不敢得罪他的。结果京兆百姓受扰不过，郡尉又不为他们出头，他们就找到颜太守这里告状来了。

颜斐听到百姓诉苦，毫不犹豫，立即动身赶到了司马懿的大营，求见司马懿，将官兵扰民之事当着司马懿和帐中宾客心腹的面一五一十地说了出来，请司马懿秉公处置，给京兆百姓一个说法。

“竟有此事！”司马懿闻言大怒，一边请颜斐入客位宽坐，一边马上派人传唤军市侯入帐，痛加斥责，并罚军杖一百。在军营里，杖责一百就是很重的刑罚了，受刑的人通常皮开肉绽，一个月也下不来床。当时，京兆典农都尉也同在帐中，就坐在颜斐旁边。典农都尉平日掌管屯田区的生产、民政和田租，相当于后世的县令，是屯田区的行政长官，颜斐兴农勉学，也需要他的执行和配合，因此他与颜斐颇为相熟。看到宣王大怒，颁下严令，典农大人认为颜斐应该见好就收，不要得罪了宣王，于是在桌子底下轻轻推了推颜斐，示意他劝劝宣王收回成命。

颜斐当然明白典农推自己是什么意思，但他沉默良久，直到回报杖责已经执行完毕的兵士退下之后，才站起身来，对司马懿一揖，道：“颜斐一直以来敬仰明公（当时对有地位的人的尊称），听说明公您治军严整，且关怀百姓，对麾下兵士与百姓一视同仁，从不偏袒。刚才明公下令杖责之时，典农大人悄悄推我，提醒我向您求个情，这事情就算了。典农大人是好意，然而我不能这么做，否则既违背了民意，又违背您一向的原则，是对您更大的不敬呀。”

司马懿听了这样一席话，心中大悦。送走颜斐后，对营中将士更加严格地管教约束，勒令不许扰民，公平贸易，否则严惩不贷。从此以后，军民相处一片平和，百姓不再担惊受怕，逐渐打消了和兵士之间的隔阂，双方相处更为融洽了。

## 太守留步

颜斐任京兆太守共计十余载，在这十几年间，他复兴农垦，充分利用农闲时间和其他资源，鼓励养殖畜牧，鼓励读书向学，维护治安。在他治下，官吏从不烦扰百姓，百姓对官吏也没有不满，风化大行，一片康靖景象。

曾有外地来的商旅颇为感叹，他们一路行来，仿佛经历了两个世界。与京兆接壤的冯翊、扶风两郡，道路堵塞，肮脏不堪，郊外田地荒芜，百姓面黄肌瘦，生活窘迫。而一进入京兆地界，道路整洁，桑林果园绿意婆娑，田地丰沃，市场繁华，物品丰富，百姓生活富足，行为举止礼貌友好，人人脸上挂着笑容。如此政绩，即使是远道而来的外地人，也对当地百姓口中的颜太守心生敬佩，颜斐更是因此获得了"良二千石"的美誉。

这"二千石"是怎么来的呢？二千石是颜斐任京兆太守时朝廷给的俸禄。颜斐为官清廉，两袖清风，除了应得的二千石俸禄之外，分文不取。上行下效，整个京兆官署的风气也清正起来。如此，颜斐更得下属的尊敬和百姓的爱戴。因此，勤政廉洁的颜太守，获得这样的称誉，可谓是实至名归。

转眼间，颜斐被调任平原（今山东省平原县附近）太守的调令下来了，即日就需交接政务，启程赴任。

出发的那一天，颜斐刚一出门，就愣住了。

大门外，人头攒动，黑压压的一片，全是他曾经的下属和百姓。

一位头发花白的老者颤巍巍地扶着拐杖，走到颜斐面前，深深一拜，颜斐大惊，急忙将老者扶住。老者流下了眼泪，对颜斐道："颜太守，我们京兆百姓，最怕的就是您有一天到别的地方去做官，离开我们啊！自从您来了之后，让京兆一片太平，让我们过上了好日子！我们不舍得您走啊！这些乡亲，都是来送您的！"

颜斐目中含泪，不禁深深感动，看着面前一张张面孔，亦深深一拜，说道："颜斐……多谢众位同僚，多谢众位乡亲父老了！"

车声辚辚，向城门而去，然而车子行进极慢，路边站满了赶来送行的京兆百姓，不时有百姓拦住车辆，希望再见颜斐一面，还有人送来食物给颜太守路上吃。一路上，哭泣之声不断，很多人喊着："颜太守，请留步，请留步！""路途漫漫，太守保重！"

颜斐热泪盈眶，心中也充满了浓浓的不舍。这十余年，他对邻里巷弄中的每一个人，对京兆的每一棵草木都有了特别深厚的感情。因此，遇到百姓前来送别，他都会下车，一一攀谈、告别。还有百姓盛情挽留，一定要颜斐在家中留宿，颜斐也不便推辞乡亲的好意。如此一来，用了十余日，颜斐的马车才出了京兆地界。在驶过郡界的一瞬，颜斐再也忍不住，泪如泉涌。

马车一路向东，走到了崤关。

崤关建于崤山山脉，是秦岭的支脉，山势陡峭，直插入云。绵延的山脉分隔开平原与中原地区，成为天然的屏障与壁垒。老子骑牛离去的函谷关就在崤山山脉之中。自古以来，这里就是兵家必争之地，春秋时期就爆发过秦晋崤山大战，秦国更是恃险而守，设立崤关。人称"崤函之险甲天下"，可以想见这崤山的雄奇险峻了。

马车停在了崤山脚下，因为颜斐病了。

车帘掀开，露出颜斐枯瘦蜡黄的脸，他抬头看了看高耸入云的漆黑山脉，默然不语。家人知道这一路上，颜斐的情绪一直很低落，依然留恋怀念着京兆的一切。眼见颜斐憔悴下去，家人和随从都过来劝解他："平原，您应该放开心事，勉励自己，把身体养好，这才是最重要的呀！"当时，以地名称呼地方官作为日常的称谓是常见的现象，颜斐即将赴任平原太守，于是家人便称他为"平原"了。

听见家人的话，颜斐道："转调至平原为官，我心中实在不愿，你们不要这么称呼我，还不如叫我'京兆'呢！"听他如此坚持，家人心中苦涩，却也无可奈何。

然而，颜斐的病体日渐沉重，这一停在崤山脚下，就再也没能离开。不久，颜斐病逝了。悲痛之中，家人将他的灵柩运到平原，安葬在那里。

消息传回京兆，阖郡上下一片悲声。京兆百姓感念颜斐的恩德，为他立碑纪念，将颜斐的政绩书于其上，传颂至今。

## 颜盛东迁

颜盛，字叔台，又字叔震，与颜斐一样，同为颜敫之子，颜回的二十四世孙。与自己的兄弟一样，颜盛自小接受儒家思想的熏陶和教育，自幼品行端方，东汉末年被辟举为孝廉，进入尚书台任尚书郎。

关于颜盛的具体事迹，史书传记中并没有像颜斐那样有着详细的记载。然而从他所获封的官职和所获得的赞誉来看，颜盛的德行与才能是毋庸置疑的。

东汉灵帝刘宏在位的中平年间（184—189年），颜盛被封任青州刺史，携家眷从曲阜搬迁到青州官署所在的临淄（今山东省中部）。魏文帝黄初年间（220—226年），颜盛又调任徐州刺史。

“刺史”这一官职自汉武帝元封五年（前106年）开始设置。“刺”，就是“刺举”的意思，有探查举荐、检举奸恶的含义。因此，刺史的职责就是代天子巡守监察。自西汉起，朝廷设十三州，每一州派驻一个刺史，监督管理当地的官员。渐渐地，刺史的权柄越来越大，不仅履行超然的监察之责，还参与掌管州郡军事，权力比现在的一省之长还要大一些。因此，作为一州的行政长官，颜盛的官职是要高于身为一郡太守的兄弟颜斐的。

青、徐二州坐落在东部临海丘陵地带，气候温暖湿润，因靠海之利，民生富裕，与东汉的都城洛阳相距不远，交通便利。由于地理位置优越，经济发达，自古以来，这两州就是多事之地，兵家必争，两汉以来战乱不绝。天凤五年（18年）的赤眉军起义，以及汉灵帝光和七年（184年）爆发的黄巾之乱，都肇始于这两州，因此这两州的行政长官历来是非常重要的。曹魏建立后，文帝曹丕即位，就命大将臧霸出任镇东将军，晋爵武安乡侯，都督青州军事。由此可见，颜盛能够得到这两州刺史的位子，其才干一定是得到了朝廷相当的认可。

这里插一句题外话。颜盛任徐州刺史的时候，属下有一名别驾（专门辅佐一州刺史的官儿），就是幼年卧冰求鲤，舍身为继母捉鱼的孝子王祥。王祥也来自一个大家族，也就是后来晋代煊赫一时的琅邪王氏。

与此同时，颜氏家族又发生了一件大事，一件大喜事：颜盛被封为关内侯了。

文帝黄初年间，封侯定爵分为九等：王、公、侯、伯、子、男、县侯、乡侯、关内侯。后三者一般由朝廷为功臣及其子弟起家封爵，虽然没有封国，但可飨食租税，衣食无忧。因此，尽管没有史料记载，当时的颜氏应该是对社稷有一定功勋的，所以获赐关内侯的称号。这也意味着，颜盛这一支，子孙可以享有租税收入，被朝廷庇荫，起码在经济上是有保障的。

赴任徐州刺史之时，颜盛携家属亲眷同行，举家迁居琅邪，在孝悌里定居下来。

琅邪本为春秋时齐国古邑，位于今山东省胶州市琅邪山西北。公元前221年，秦始皇平定天下，实行郡县制，在琅邪古邑设置琅邪县和琅邪郡。东汉时，光武帝刘秀之子刘京晋爵琅邪王，琅邪郡遂改为琅邪国，都城被移到开阳县，也就是如今的山东临沂老城，统辖包括开阳在内的十三个县。曹魏建立后，复归琅邪郡。

至于孝悌里具体在什么地方一直存在着争议。有人认为它在如今的山东临沂费县东五十里的诸满村（一说是朱满村），那里至今仍有诸多颜氏族人生活。据传颜盛迁居之时路过诸满，看到此地土地肥沃，遂举家定居下来，因代传孝恭，其居处被称作“孝悌里”。然而，新近也有人考证，说孝悌里不在诸满，而是

颜氏故里，山东临沂沂南县砖埠镇常桑杭村的牌楼，上书“孝悌里”三字

在如今的山东临沂沂南县的常桑杭村。在东汉年间，坐落在常桑杭村旁的九顶莲花山上有一个清泉寺，远近闻名，香火鼎盛，每年农历三月九日和九月九日的两次庙会，这里都香客云集，去清泉寺进香祈福、履行孝道，故而此地自东汉起就一直有“孝悌里”之称了。颜盛定居在这里后，因代传孝恭，使孝悌里更加远近闻名。

关于孝悌里到底在什么地方，是诸满村还是常桑杭村，这个争论一直没有结果。但不论怎样，颜盛从此定居在了琅邪郡，定居在了临沂。

常桑杭村颜氏家族的家谱碑

颜盛娶妻刘氏，生了四个儿子。自颜盛以后，颜氏家族开始人丁兴旺起来，再加上颜盛官运亨通，子孙受爵位庇荫，颜氏家族声望日隆，逐渐成为琅邪望族。因此，后世颜氏子孙提及自己的祖籍郡望之时，都说是“琅邪颜氏”了。

## 第四节　孝悌铁胆道靖侯

颜盛的长子叫作颜钦，字公若，自幼饱读诗书，精通《韩诗》《礼记》《周易》《尚书》，被称誉为“博达通人”，连当时的学者大儒都很尊敬他，曾任给事中，常侍皇帝左右，为皇帝做顾问。颜钦的儿子颜默，西晋时任汝阴太守、护国将军。而颜默的儿子，就是带领颜氏家族跨越大江、以孝行著称于世、被颜之推在家训中提及并推崇的颜回二十七世孙——靖侯颜含了。

### 衣冠南渡

西晋末年，颜氏家族举族南迁江左，而这一事件的始末，还要从“八王之乱”和“永嘉之乱”说起。

西晋初年，同为司马姓的几位王爷争权夺利，挑起了长达十六年（291—306年）的内战。这场争夺战最后以东海王司马越的胜利而告终，史称“八王之乱”。这场内战牵涉人物之广、地域之大，都是史无前例的。而战争对经济、交通与民生造成了沉重的打击，又赶上天灾连连，这就为垂涎了中原这块肥肉许久的匈奴、鲜卑、羯、氐、羌等逐渐壮大的胡人部落提供了可乘之机。正所谓，趁你病，要你命。在西晋朝廷左支右绌、焦头烂额之际，五胡大举入侵中原，这对于西晋的统治正如雪上加霜，形势岌岌可危。

晋怀帝永嘉四年（310年），已于两年前建立北汉的匈奴贵族刘渊驾崩，他的儿子刘聪即位。第二年，即永嘉五年，刘聪便派遣石勒、王弥等大将整兵伐晋，于平城歼灭晋军十万，攻入都城洛阳，俘虏了晋怀帝。北汉军一路攻打，屠杀西晋士族王公宗室及军民数万，所过之处生灵涂炭，西晋沦亡，是为“永嘉之乱”。

颜含，字弘都，出生于琅邪。少年时就因对父母孝顺、操行高尚而闻名。晋惠帝时，颜含追随当时任太傅的东海王司马越，任其麾下参军，是司马越的心腹之人。晋怀帝继位后，司马懿的曾孙、获封琅邪王的司马睿被任命为安东将军，都督扬州及江南军事，在此期间，颜含又到司马睿的麾下做了参军。“永嘉之乱”后，司马睿在琅邪王氏王导的筹划下，向南渡江，移镇建康（今江苏南京），随之一起渡江迁移躲避战祸的既有庶族庶民，也有高门士族，颜氏就是其中之一。

其时，因为颜含在司马睿军中，所以颜氏可以说是最早一批跟随司马睿——也就是后来的东晋元帝——南迁江左的士族高门。后来，颜之推在家训中这样写道：“中原冠带，随晋渡江者百家，故江东有百谱，至是在都者覆灭略尽。”百家可能是一个虚数，但从“永嘉之乱”开始，到东晋建立之后，不断有士民南渡，南迁人数近百万。据《晋书》记载，“洛京倾覆，中州士女避乱江左者十之六七”。而没有南渡的，则如颜之推所说“覆灭略尽”，尽遭胡人屠戮了。北方士族南渡后，因为属于侨居于此，且司马睿为这些北方士族设立了侨郡侨县给他们居住，这些士族又被称为“侨姓士族”。

318年，司马睿称帝，是为晋元帝，史称东晋。同年，元帝大赦天下，从心腹的参军与名士中，提拔百人担任属官，辅佐政治，时人称之为“百六掾”。“掾”，就是辅佐性质的属官的意思。颜含，就是“百六掾”之一。这被选出的百人几乎都是最早随元帝渡江的士族，与元帝的感情比较深厚，因此受到信任与重用。而连带着，这些人所在的家族也便以更快的速度兴盛、壮大起来。

## 开棺救兄

颜含从小就以孝悌闻名乡里。他有一个哥哥，叫作颜畿，曾经患了重病，到医馆去寻大夫医治，结果死在了大夫的家里。家人悲痛欲绝，拿着招魂幡等物去医馆迎回了颜畿的遗体。

在回府的路上，发生了怪事，引丧人手里的招魂幡突然缠在路旁的树上，怎么解也解不开。正当家人们觉得奇怪，又为招魂幡解不下来焦急万分的时候，引丧的人忽然“咕咚”一声坐倒在地，吓了所有人一跳。

只见这引丧人面无表情，面色苍白无血，紧闭着双眼，嘴里说着话，听着却是颜畿的声音：“我命未绝，还没有死啊！我只是因为先前服药太多，药毒伤了五脏六腑，所以失去了知觉罢了。我还活着，千万不要把我埋葬！”众人大惊。父亲颜默想了想，道：“我们知道了，如果你没有死去，对家人来说是好事，怎么能把你埋葬呢？现在，我们先送你回家。”听到颜默的话，招魂幡马上从树干飘落了下来，引丧人也蓦然清醒，浑然不知刚才发生了何事。

然而回家后，颜默越想越觉得路上发生的事怪诞不经。子不语怪力乱神，他并不信有附身寄言一说，只认为儿子已死，沉浸在巨大的悲痛里。在当时，开棺是非常不吉利的事，是违背礼制的。因此，颜默下令不准开棺，以免打扰爱子亡魂。

当晚，颜畿的妻子梦见丈夫焦急万分地不停对她说：“我已经活过来了，快快开棺！”凌晨醒来，妻子记得颜畿在梦中对她说的话，匆匆请家人到停棺的中堂来，述说梦中所见。颜畿的母亲闻言大惊，说她昨晚也梦到了儿子和她说一样的话。就好像绝望中生出了一丝希望，家人就要开棺查验。这时颜默过来，严厉制止了家人的举动，认为她们是哀思过度，以至于相信怪力乱神之说。

颜含虽然还小，但已经很有自己的主见和决断。他看着悲恸欲绝的长嫂和母亲绝望的泪眼，鼓足了勇气，坚定地走到父亲面前，道：“自古以来，就有很多不寻常的事情，常理是解释不通的。现在出现这许多不可思议的事，也许兄长真的还有一线生机。如果是这样，开棺的悲痛与逾礼，与拒不开棺而陷兄长于必死之地、扼杀我们所有的希望相比，哪一个更重要呢？”

颜含的话令颜默颇为震动，如果爱子能够复生，他付出什么代价都可以！有了颜默点头，家人马上七手八脚地将已经钉死的棺盖撬开。

棺盖移开的刹那，所有人都惊呼出声。只见颜畿的十指指甲全部翻起，血肉模糊，棺盖和棺壁上满是血迹与划痕。而仔细看去，一天前还僵硬苍白的颜畿，此刻脸上透出淡淡的红晕，虽然依旧紧闭着双眼没有意识，但分明还有微弱的气息。家人大喜过望，旋即将颜畿从棺木中抬出，送回房里，悉心照料。

经此一事，全家上下对颜含都很赞叹与感激。在颜氏家族严格的儒学礼仪教导约束之下，颜含小小年纪便能挺身而出，这样的勇气与胆识是难能可贵的。

颜畿虽然从死亡线上被拉了回来，可是仍然无法说话行动，家人全力照顾他，甚至荒废了工作事业。以颜含的才学，本可以成年之后就出仕做官，然而他放弃了一切，专心服侍奉养自己的哥哥，足不出户。

西晋大将也是当时的权贵石崇听说了颜家的事情，为颜含的品行所打动，遣人送了许多食物来，作为颜含奉养兄长之用。然而颜含礼貌地回绝了，对送来的食物辞谢不受。有人问他为什么不接受石崇的馈赠，他回答道："兄长病体虚弱，神志不清，甚至不能进食，更不可能知道别人的恩惠，如果我将这些食物留下来，就是不合时宜，而这也不是石大人馈赠的本意吧。"

一年又一年过去，颜默夫妻逐渐老去，颜含的另一位兄长身体也不好。青年颜含以一肩之力背负起家族重担，他依然坚持着，日复一日，全心全意照顾着时常不省人事、不能自理的颜畿。终究颜畿还是去世了。

本州长官为颜含的孝悌之举感动，找到颜含，想要举荐他为孝廉，到朝廷任职。颜含婉言谢绝了。他又足不出户，尽心侍奉父母和另一位兄长，直到他们过世。这时，自颜含开棺救兄已经过了整整十三年。颜含侍奉父兄的事迹，朝野乡里皆知，争相传颂，大家都对他既敬且佩。

## 青鸟赠胆

家中父母兄长相继过世后，二嫂樊氏又因眼疾导致失明，整日情绪低落，暗自垂泪。颜含经常鼓励开导她，并尽心奉养。他每天都要亲自检查试尝二嫂的药食，每次查问病情好坏的时候，即使二嫂的眼睛看不见，他也必定要穿戴整齐才可。对于樊氏的眼疾，大夫们都束手无策，只有一名大夫私下里对颜含说，有一个偏方也许有用，不过药方中有一味蚺蛇胆，不可或缺，只是这蚺蛇胆极为难得。果然，颜含派人四处寻求蚺蛇胆，都无法得到。为此，颜含忧心忡忡，寝食难安。

有一天，颜含在庭院中独自坐着，正在叹息，忽然门外走进一个青衣童子。这个童子十三四岁，眉清目秀。童子走到颜含面前，含笑看着他，伸出手来。童子手里是一个青色的锦囊，他把锦囊递给颜含，颜含愣愣接过，低头看着手里的锦囊，打开系着囊口的丝绦，愕然发现里面盛着一枚新鲜碧绿的蛇胆。颜含目瞪口呆，抬头看去时，只见那童子已退出门去，变成了一只青鸟，一声清鸣，振翅远去。颜含不禁惊呆了，手握着锦囊站在庭院中，好久才回过神来。他对着天空深深一拜，便马上拿了方子跑去最近的药铺。

有了蛇胆，药很快就配成了，樊氏的眼睛也得以重见光明。时人谈论起这件事，无不啧啧称奇，都道是颜含之孝悌感动了上天。

无论是开棺救兄，还是青鸟赠胆，都带有太多玄幻神话的色彩，后者甚至被当作志怪奇事，被干宝收录进了《搜神记》之中。但是，无论颜畿是否托了梦附了身，蛇胆是不是由青鸟送来，颜含足不出户侍奉父兄嫂嫂的事迹是确凿记载于史书里的。先秦儒家，孝悌为先。孝悌是儒家思想的根本，也是中国自古伦理道德的根本。颜氏作为复圣颜回的后代，代代以儒学传家，对于兄友弟恭、夫妇和顺、孝顺父母尤为重视。颜含在这样的家教氛围中成长，能有这样的举动，是不奇怪的。同时魏晋时期也大力提倡孝悌，因为当时的社会结构实际上是建立在一个个家族之上，孝悌有助于维持家族内部的和睦与稳定，防止家族因分裂而衰落，这样社会结构才能坚固。而这一点，对于世代与政治纠缠在一起，同时因为利益相互联结在一起的门阀大族来说尤为重要，家族的稳定与团结是一荣俱荣的前提。因此，在这样的情形下，颜含的孝悌之举大受称道，很快便闻名遐迩，被广为传颂，引为美谈。

## 不识时务

随司马睿避乱南渡之后，颜含将族人安顿在建康的长干里，如今的秦淮河以南。

长江下游地区地势低平，水系丰富。长江主流一路经过九江、芜湖、南京、扬州、常州、无锡等重镇，平原沃野，丘陵点翠，物产富饶，经济发达。而被司马睿选择成为南渡后的政治中心、后来成为东晋国都的建康，也就是江苏南京，正是长江下游流域的一颗璀璨的明珠。

司马睿称帝，东晋建立，国都建康立刻变成天下正朔之所在。在这里，无论是南渡的侨姓还是本地的士族，都渐渐地从最初的惶惶不安中走了出来，生活回复了安定。这里有朝廷办公的核心机构，这里有位高权重的官员，这里有令人仰望的高门望族，这里有来自四面八方的各色才俊，这里有远道而来的行脚商旅，这里有密集的驿路交通，这里有琳琅满目的南北货物。建康城变得更加耀眼、更加热闹了。

入了夜，细细粼粼的秦淮河水变成了一片红。红红的纸灯和纱灯自两岸雕角飞檐的小楼上和大大小小的画舫上亮起，迎着船娘初绽桃花一样的笑靥，随着和风与细浪轻轻摆荡。这一刻的建康城有着它不变的浪漫与柔软。

暖风熏得游人醉。然而，建康这暖暖软软的风可没有熏醉了所有人，朝堂之上，就矗立着一根“不识时务”的“硬骨头”，这根“硬骨头”的名字叫作颜含。

从参军起家，成为元帝的“百六掾”，颜含的仕途大体来说一路平顺。他历任上虞令、王国郎中、丞相东阁祭酒，接着又出任东阳太守。虽然不是一飞冲天节节拔高，却也一直身居要职。

东宫甫一建成，元帝便开始操心，着手为太子选择德行兼备又博闻通达的随侍官员了。因颜含素有孝悌美名，又通经学，得元帝青眼有加，封他为太子中庶子。中庶子这个职位与散骑常侍差不多，因为跟随太子左右，这个职位的人选通常是要求很高的，门第才干和人品都要受到严格的考核。后来，颜含又陆续被任命为黄门侍郎、本州大中正、散骑常侍，这些职位都是朝廷的要职，非人才兼美者不可得。由此可见，颜含的品行与才学一直是受到相当肯定的。

东晋成帝咸和二年（327年），历阳内史苏峻联合豫州刺史祖约，以征伐一直强硬打压于他的庾亮为借口，悍然起兵作乱，打了朝廷一个措手不及，竟于第二年一度攻克建康执掌朝政。庾亮等朝廷重臣定下神来之后，便推举大将陶侃等整兵讨伐叛逆。颜含也参与了这场讨伐战争，并立下了战功。具体因何立功，史书并无详细的记载，不过，正是因为这次功勋，颜含被封爵了。

因讨伐苏峻叛乱有功，东晋成帝咸和四年（329年）叛乱平定之后，颜含便被封为西平县侯，拜侍中。因为颜含非皇室子弟，封爵是没有封邑的，但子孙可享有固定的收入，世袭罔替。因此，颜氏一门出了侯爵，是一件天大的喜事，庇荫子孙啊！

不久，朝廷颁下了委任颜含为吴郡太守的诏令。在东晋，每个郡县都设太守这一职位，但太守与太守又有着高低之别。比起小郡的太守来，大郡的太守不仅俸禄更高，社会地位也更高。吴郡下辖十三个县，囊括了苏州、嘉兴、湖州、杭州、镇江、无锡、昆山等地，是南方著名的大郡，是富饶的“鱼米之乡”。因此，这吴郡太守的职位可称得上是名副其实的“肥缺”。这等好事落在了颜含的头上，朝中官员羡慕嫉妒之余，纷纷赶来颜家巷道贺。

这一日，王导登门造访。

说起这王导，可是一个传奇人物。王导出身于琅邪王氏，一直辅佐司马睿，为其出谋划策。司马睿下定决心将政权南移，就是王导给他出的主意。王导带着王氏族人跟随司马睿一起渡江，到了建康之后，发现掌握权力的南方士族并不买司马睿的账，很多人对这些北方来的移民持排斥的态度，司马睿定居了一个月，竟无一个本地家族前来拜谒。于是，王导再献良策，安排司马睿以高贵豪华的全副仪仗浩荡出行，以显天威，起到慑服人心的作用。这一计果然奏效，纪瞻、贺循、顾荣等在当地有很大影响力的高门名士，看到了司马睿的威荣，大吃一惊之下均心生恭敬，转变了态度。司马睿又听从王导的建议，大力交好这些世家名士，逐渐稳固了政权，站稳了脚跟。在王导的辅佐下，国君励精图治，东晋国土靖平。王导的煊赫功绩有目共睹，朝野称道。更重要的是，他和司马睿的君臣感情也越来越深厚。司马睿称王导为“仲父”，甚至有一次深情地对王导说：“爱卿就是我的萧何呀！”

在这样的背景下，王导声望日隆，这从他令人炫目的封号官职就可以看得出来。自东晋建立开始，王导便官拜右将军、扬州刺史，监管江南军事。后又拜骠骑大将军，获封武冈侯，任都督中外诸军、散骑常侍、录尚书事、领中书监、假节等，另有多次辞官不受。由此可见司马睿对王导的厚爱了。再加上他的堂兄王敦手握重兵，统辖六州，王氏家族可谓如日中天，权倾朝野，以至于当时流行一个戏称：“王与马，共天下。”把“王”甚至放到“马”的前面去了。

这样的大人物造访，颜含连忙摆茶相迎。

寒暄几句之后，王导在厅中坐定，便笑吟吟地向颜含道贺，并问道：“颜公你现在有这么一个好机会，即将到吴郡这么一个富足大郡去当太守了，我倒是很感兴趣，颜公上任之后最想做些什么？先抓哪些政务呢？”

颜含抚着自己的美髯，不假思索地答道：“对于这个问题，我仔细考虑过了。之前连年征战，北方百姓流离失所，原有的编制户籍都散失作废了。这些百姓纷纷南逃，却都被南北权豪所吞没，国弊而家丰啊！这种情况令我感到十分忧虑。我到任吴郡太守，第一件事就是把这些流民从豪门手中征出来，给他们地来耕种植桑，辅以施行礼乐教化。这样，我敢肯定，用不了几年，一定人丁兴旺，仓廪充足！”

颜含的话掷地有声、斩钉截铁，王导却沉默了。

颜含提到的是当时的一个普遍的社会现象。北方士族侨居到了没有任何根基的南方，如何打好经济基础积累财富就成了他们最关注的事情之一。于是，这些大家族纷纷占山占湖，兼并土地，又打起了流民的主意。

在晋朝，普通的百姓每家每户都是有编户的。政府按照登记在册的编户，每年收取税赋，维持国家的运转。然而战乱迭起，北方的百姓纷纷抛家弃田，大规模地迁移到南方来，而当时的司马睿政府忙于巩固政权，交好士族大家，稳定统治，一切还没有完全走上正轨，对北方流民的重新编户也迟迟没有建立起来。于是，权势豪门们便钻起了空子，用各种手段把流民占为私人所有，这样既有足够的劳动力帮他们耕种管理圈占来的湖泽土地，又不用缴纳额外的税赋。在这种情况下，这些豪门的财富便像滚雪球一样越来越多。这边高门豪强富得流油，那边朝廷却穷得掉渣。人口增加，税赋却少了，朝廷既要安定内部，又要抵御外患，用钱的地方很多。结果就是国库吃紧，左支右绌。

这种情形，上到皇帝下到世家子弟都心知肚明，却又都心照不宣地缄口不言。为何？如果要改变，就势必触动士族豪门的利益。东晋是门阀政治，士族掌权，盘根错节，牵一发而动全身，与门阀争利，谁敢做这出头鸟？所以，王导听了颜含的想法，沉默了。他也很惊诧，颜含竟然有这样的勇气，而且丝毫不知道迂回委婉，在自己面前如此直言不讳。

颜含雄心勃勃、干脆明断，想要轰轰烈烈地大干一场。然而，很不幸的是，他和王导是两个截然不同的频率，根本无法同步。

王导辅佐元帝，一直采取的是绥靖政策和拉拢政策，在他看来，“无为而治”就是最好的。国家安定，一团和气，你好，我好，大家好。一些事情，睁一只眼闭一只眼就算了，轰轰烈烈不利于安定团结啊!

于是，颜含这只“出头鸟”还没起飞，就原地抛锚了。一道旨意下来，他留任侍中，不用去赴任了。

然而，颜含与王导的故事还没完。

前文提到，王导官居要职，深得元帝信任，行丞相之责，权倾朝野。司马睿视他为左膀右臂，如师如父，朝臣们也尊王导为帝师，声望一时无两。于是，大臣们极力攀附奉迎王导，甚至提议：为了显示对王导的敬意，文武百官见了王导应该行降礼（即跪拜礼）。按理，百官应该只对皇帝行跪拜之礼的，这个提议是大大地逾制了。虽然自古以来，有过不少皇帝赐予宠臣或功臣殊荣，允许其殿前骑马、正门出入之类的事例，但赐予百官跪拜之礼，却是非常重了。这一下，太常冯怀没了主意。

太常是专门主管宗庙祭祀、朝会、大典及礼仪的官儿，冯怀既想巴结王导，又怕逾制太过，一时委决不下。朝廷之中，颜含既为天子重臣，才学德行也是众所称道的，冯怀想了想，就来向颜含讨主意了。

颜含一听，当即双眼一瞪，呵斥道：“王公虽然位高权重，也让人尊敬，但是君臣之礼不是儿戏，礼制绝不可废！说什么让百官行跪拜之礼，这都是你们这些人说的。敝人已经老了，不识时务！”说罢大袖一拂，转身便走。

回到家，消了气，颜含又开始反省起自己来。他找到好友，说了这件事，然后很郁闷地说："吾闻伐国不问仁人。向冯祖思问佞于我，我有邪德乎？"

颜含的这句话是有典故的。《汉书》记载，西汉武帝元光元年（前134年），董仲舒在《举贤良对策》中提出著名的"天人三策"，即"天人感应""大一统"及"罢黜百家，独尊儒术"。这三策正对了急于巩固统治加强君权的武帝的胃口，武帝便任命董仲舒为江都相，在哥哥易王刘非手下做事。易王生性好勇斗狠，但非常尊敬董仲舒，有事经常和他商量。有一次，易王拿管仲作比，道："当年齐桓公争霸天下，他有了疑难之事就会去问管仲，而我就是问先生你啦！"结果董仲舒说："臣愚钝，不知如何回答。臣听闻有一次，鲁国国君问柳下惠：'我想攻打齐国，怎么样？'柳下惠答：'不可。'回到家后，柳下惠忧心忡忡地和家人说：'我听说讨伐别国的事情是不应该问仁人的，国君怎么来问我了呢？是我的操行有问题吗？'即使被问到，柳下惠也认为这是一种羞耻。在臣看来，春秋五霸虽也有些德行，终究一介武夫，是远远不如三皇五帝的。"易王听了，不禁点头称是。

因此，冯怀问颜含行降礼之事，颜含认为这种离经叛道的事情居然问到了他的头上，于是便有了这一番"伐国不问仁人"的感慨，自我反思是否自己的言行有什么过错，给人以误解了。

这个跪拜礼到底施行了没有，史书没有记载。然而，颜含面对王导这座高山，犹如螳臂当车的勇气和气节是令人大为佩服的。无论是与门阀争利、反对降礼，还是反省自己，颜含这根东晋朝堂的"不识时务"的

“硬骨头”仍然顽强地撑着自己从小蒙受的儒家教诲和为人准则：家国天下，守礼行仁。

尽管异于主流，屡切时弊，颜含的“硬骨头”却得到了人们的尊重，每每善恶分明、仗义执言并没有影响他的仕途。后来，颜含因为学识渊博出任国子祭酒，主管国家最高学府——国子监，加任散骑常侍，先后辅佐元帝、明帝与成帝，为三朝元老，德高望重。

七十余岁的时候，颜含告老，要退休还家、含饴弄孙了。成帝感佩于颜含的高德亮行，于他退休之时又加授他为右光禄大夫，门前设置行马，赐给床帐被褥，敕命太官四季送膳食，他坚决辞让不肯接受。

颜含直到九十三岁高寿才去世，死后，晋成帝悲伤不已，特别赐予他一个谥号——“靖”，颜氏后人每于日常生活或著述中提起颜含，便都尊称他为“靖侯”。

## 靖侯成规

在颜氏后人的记述中，无论是颜之推的《颜氏家训》，还是唐代颜真卿的《颜含大宗碑》，都记载了一条“靖侯家规”。这家规很短，却是道尽了颜含对于仕宦婚姻的感慨与嘱托——“汝家书生门户，世无富贵；自今仕宦不可过二千石，婚姻勿贪势家”。

数十年为官，成为东晋建国后的股肱之臣，身历数朝而屹立不倒，颜含必定是有深厚的品行修养与政治魅力的。在他的心中，自有一套对于仕宦中人的品评标准，而这从他对江左名士的点评归纳中便可见一斑。

在东晋的上层社会，互相品评议论朝臣名士与先贤是非常流行的，被视作风雅之事。尤其是德高望重或位高权重之人，其所做的点评往往迅速地传播开来，甚至引起一连串的社会反响。曾经朝中有人问颜含：“江左这么多名士，璀璨如群星，您认为这些人中谁比较优秀呢？”颜含如此回答：“说到江左名士，我最为欣赏的是周伯仁之正、邓伯道之清、卞望之之节，其余的人都比不上他们了。”

那么，这三位名士都是何许人也？缘何让颜含青眼有加，做出如此高的评价呢？

周顗（yǐ），字伯仁，是西晋安东将军成武侯周浚的儿子。有关他的事迹，在《晋书》和《世说新语》中都有记载。少年时，周顗就因为品行端方、清雅淡泊而闻名了。弱冠之年，他承袭了父亲的爵位，在东海王司马越的儿子司马毗帐下任长史，司马睿渡江后，召周顗为军谘祭酒，出为宁远将军、荆州刺史。西晋永嘉五年（311年），蜀地杜弢率领匪寇流民于湘州造反，战火烧到荆州，周顗艰难应战，并被当时屯兵豫章的王敦收留在麾下。后来司马睿召周顗回建康，任他为扬威将军、兖州刺史，甚至一度官至吏部尚书。大兴元年（318年），朝廷两下诏书，封周顗为太子少傅，后又擢升为尚书左仆射。

其时王敦的勃勃野心随着权力、声望的增加迅速膨胀起来。东晋永昌元年（322年），王敦终于起兵叛乱，发兵建康，朝廷大军节节败退，士气低落。王敦叛变，天子震怒，甚至有大臣提议清洗王氏一族，王导和王氏族人担心受到牵连，惶惶不可终日。王导曾央求周顗在皇帝面前帮他开脱，周顗一直认为罪不及亲族，其实本就有此心，但在王导面前却表现得不卑不亢，没有答应他什么。因此，王导怀恨在心，由此，埋下了以后灾难的种子。

王敦屯兵石头城，与皇城近在咫尺，虎视眈眈。司马睿派周𫖮去王敦军中，传达皇帝的不满与愤怒。王敦见了周𫖮，质问他道：“我曾经收留过你，现在你以使者的身份过来，是对我的背叛！”周𫖮凛然不惧王敦的威压，道：“你叛乱正统，举不义之兵，我忠于朝廷，统率六军，却一败涂地，确实有负于天下！”王敦一时竟不知如何回答。

王敦叛军攻克建康后，曾问王导周𫖮是否可杀，王导还记得之前的过节，没有作声，于是，周𫖮被捕。被捕之后，周𫖮仍破口大骂王敦为乱臣贼子，被乱戟戳死。他死后，王导才在整理宫中档案的时候发现了周𫖮当初为王家求情的奏折。王导不禁悔恨万分，涕泪横流，对自己的儿子们说：“吾虽不杀伯仁，伯仁因我而死。幽冥之中，负此良友啊！”此后，王导的这句自责之言便成了一个典故。

颜含所品评欣赏的第二位名士叫邓攸，字伯道。邓攸年幼时便父母双亡，守孝九年，以孝行著称。河东太守想要推举邓攸为孝廉，邓攸拒绝了：“我已经接受了祖父的官职，这是先人所赐，我断不敢更改。”由此可见邓攸的淡泊名利与守孝之坚。“永嘉之乱”后，邓攸全家被石勒俘虏。后来他寻得一个机会，带着妻儿和侄子一起逃走。一路上他们历经艰险困苦，屡遇流寇，粮米断绝，体力不支。为了保住弟弟的血脉，邓攸忍着心中剧痛，将儿子绑在大树上，抱着侄子，强忍着不去回头看哭得撕心裂肺的幼子，一路洒泪弃之而去，从此再无子嗣。全家南逃至东晋后，邓攸因为清廉声名被任命为太子中庶子，出任吴郡太守。

邓攸认为自己在朝廷中已经有了一份中庶子的俸禄，拒绝接受吴郡太守的俸禄，自己载了一船米，就到吴郡赴任去了。一路上，他吃自己带的米，只喝吴郡的水，其余的什么都不要。那时正赶上吴郡饥荒严重，邓攸马上上奏朝廷请求赈济，等了一段时间没有回音，邓攸忧急之下，一咬牙，自作主张开仓放粮，解了饥饿的吴郡百姓燃眉之急。不久，朝廷派散骑常侍桓彝等人下来视察，慰问饥民。视察的大臣看到邓攸私自放粮，上表弹劾。元帝信任邓攸的为人，了解情况之后，没有问他的罪。邓攸任吴郡太守的几年，刑律政治都很清明，百姓都很爱戴他，尊称他为“中兴良守”。后来邓攸因为疾病辞职，吴郡的官员乡绅想要送一些财物给他，表达自己的心意，都被邓攸拒绝，直到离开吴郡，自始至终，他不曾收受任何财物。

卞望之是卞壸（kǔn）的字。永嘉年间，卞壸承袭父亲成阳公卞粹的爵位，并任著作郎。“永嘉之乱”后，司马睿征召他为从侍中郎，对他亲近重视有加。东晋建国后，卞壸历任太子中庶子、散骑常侍、御史中丞、领军将军等要职。他为人耿介，不畏强权，经常批判当时上层社会的奢侈浮夸虚玄放诞之风，直言不讳，得罪了不少人。东晋太宁二年（324年）王敦第二次叛乱之时，卞壸亦领兵抵抗，后来叛乱平定后，因为战功被封建兴县公、领军将军。次年，明帝病逝，指定卞壸与庾亮、王导等担任顾命之责，辅佐幼主。咸和二年（327年），卞壸拜光禄大夫，加散骑常侍。同年，庾亮忌惮屯兵历阳的苏峻，认为有卧虎在侧，应该除之。卞壸以为不妥，劝解庾亮勿要打草惊蛇，反而有招惹兵乱之虞。可惜庾亮没有听他的劝告，依然对苏峻予以打压。结果果如卞壸所言，苏峻联合祖约以征讨庾亮为名，起兵造反。因历阳与建康邻近，苏峻又拥有重兵，形势极为不利。有人私下劝卞壸准备几匹良马，一旦战事不妙，可带着家小逃命。卞壶严词拒绝道："吾誓与王都共存亡！"卞壶带兵抵抗苏峻、祖约乱军，交锋两次，均遭败北。卞壶已经满身是伤，依然带领数百残部顽强战斗，直至浴血战死，死时只有四十八岁。卞壶的两个儿子悲痛之下，戮力杀敌，也随父亲之后殒身沙场。两年后，苏峻之乱平定，卞壶被追封为侍中、骠骑将军，赐谥号忠贞，同时朝廷下旨，以一般来说只有天子可以享用的太牢之礼来祭祀他。

这三位名士与颜含同朝为官，平素应有不少交集，颜含对于他们的情况也是比较了解的。"正"即指为人方正不阿，一身正气，品行端方；"清"即指为官清正廉洁，洁身自好；"节"即指节烈忠义，进退有度。从上面列举的事例来看，这三人无愧"正、清、节"之名，颜含对他们的评价可以说是非常切要中肯的。而颜含认为，众多名士以这三人为首，也可以看出这"正、清、节"正是颜含所赞同与欣赏的品质。

"自今仕宦不可过二千石"，这"二千石"在当时是什么概念呢？魏晋时期，给官员发工资沿袭古例，一般是以粮食来结算。"二千石"的官儿，就是指年薪为二千石粮食。一般来说，这个工资水平相当于一郡太守的工资水平。颜含宦海沉浮，饱见官场冷暖，高处不胜寒，因此留下这一句嘱托，希望子孙不要贪图名利权位，安安分分做好自己的工作就好了，既要勤恳清正，也要切忌过大的野心与自满。

而说到颜含对于后人在婚姻方面的殷殷嘱托"婚嫁不须贪位世家"，就不能不提到颜氏家族在西晋初年时的一段婚姻，这段婚姻成了颜氏家族心中永远的痛。

在古代社会，家族婚姻是一件大事，是与家族的声誉和地位，甚至未来的发展息息相关的。两晋时期尤其如此，门阀士族之间彼此结成婚姻，就相当于结成了共进共退的攻守联盟。无论儿子娶妻还是女儿嫁人，一家之长都要慎之又慎地挑选，与谁结亲，都关系到自己的脸面。而西晋初年与太原王家的结亲，颜氏却被重重地打了脸。

王氏起源于山西太原，从东汉时期起便开始兴盛，魏晋时期更是成为最显赫的高门大族之一。王浑，是东汉灵帝时的代郡太守王泽的孙子，曹魏时期司空王昶（chǎng）的儿子。王浑官至司徒，又世袭父亲京陵侯的爵位。王氏的旁支也都在朝中担任重要官职，因此，太原王氏家族在当时可谓一时无两，是一等一的豪门。

王浑的原配钟氏，出身名门，是曹魏相国钟繇的曾孙女，为王浑生育了几个儿女后不幸病死了。西晋初年，王浑被任命为徐州刺史，就在这期间，王浑动了续弦再娶的念头，而颜氏当时正有女儿待字闺中，于是许给王浑做后妻了。

因为王浑是要续弦，相当于再娶正妻，因此在府上比较隆重地举行婚礼，大宴宾客。本来新娘下轿、入门、登堂一切都很顺利，结果在行交拜礼的时候出了问题。

颜氏之女先拜过夫君，接着就应该王浑向后妻答拜了。这时，观礼的客人中有人说道："王侯，你爵高位重，这颜氏之女只能算是你的子民，你怎么能拜她？"王浑听了这句话，以为很有道理，竟然真的没有和妻子对拜，直接草草结束了婚礼。

婚礼未竟全礼，就给人留下了话柄，后患无穷了。王浑的前妻钟氏留下的几个儿女本来对父亲再娶就有抵触心理，与颜氏继母也不亲厚，顺势借口颜氏女没有受到父亲的回拜，婚姻之礼并没有完成，并不是真正的夫妇，因此没有资格当他们的母亲，受他们的跪拜与尊敬。而且，不论是私下里还是公开场合，王氏子孙都称颜氏女为“颜妾”，因为在当时，只有纳小妾才不用三媒六证婚姻全礼，一顶轿子抬进门就算完事。颜氏好歹也是士族，自己家的女儿被当成妾室一样看待，而且弄得人人皆知，实在是奇耻大辱！然而，王家势力太大，颜氏家主自忖招惹不起，只好打落牙齿和血吞，终究也不敢闹上王家去请求和离。

这件事虽然不了了之，然而这耻辱就如一根硬刺，深深扎在颜氏族人心中，也成了颜含心中的一块阴影。于是，他挑选联姻的对象时，便格外谨慎。

颜含渡江之时，同行的就有桓彝。桓彝出生于儒学世家谯国桓氏，是名门之后。江上相遇后，颜含与桓彝一见如故，谈得非常投机，干脆并船而行，谈起西晋旧事和乱世凋敝，两人甚至相对大哭，引为知己。船行了一些时日，桓彝便对颜含提出请求，希望他把小女儿许给自己的儿子桓温为妻。颜含很欣赏桓彝这个朋友，但对于结为婚姻的请求，还是婉言谢绝了。

回到舱中，颜含和家人说起这件事，家人不解颜含为何拒绝这门亲事，桓家势大，素有名望，如果能够结为亲家，多有光彩呀！颜含很严肃地对家人说：“我听说桓彝的儿子桓温，好名好利，脾气暴躁。即使他以后有了大出息，这样的性子也是很危险的。而一旦大厦倾覆，势必祸及亲族啊，姻亲也不能避免受到连累。我们颜氏家族就是书生门庭，世代以儒雅为业，不求大富大贵，阖族平安就最好了。你们要记住，婚姻之事，绝不能贪图对方的门第有多高，有多富贵！”

这不是颜含唯一一次拒绝豪门的求亲。王导的从侄儿王舒也曾为儿子王允之向颜含求亲，请求他将大女儿嫁到王氏家族来做媳妇。颜含也一口拒绝了。这种行为在竞相攀附高门的当时社会也是属于异类的，何况王家因为王导和王敦的关系，如日中天，炙手可热，多少人想抱王氏这根无比粗壮的大腿，都不得其门而入呢。

颜含两次拒绝掉在旁人眼中绝佳的借婚姻提升家族势力的机会，不仅是因为颜氏女曾为“颜妾”之痛，也充分显示了他不趋炎附势的淡泊，以及为家族绵延稳定长远打算的良苦用心。

此后，颜氏族人谨守“自今仕宦不可过二千石，婚姻勿贪势家”这一家规，不追名逐利，谨守儒学传家的传统，婚配也选择门第相当的人家，族运果然绵延长远。其间偶有几个后人，如颜含曾孙颜延之的儿子颜竣，将祖训抛在脑后，最终也被政治旋涡搅得粉身碎骨，留下了深刻的教训。

## 恭孝三子

颜含一共有三个儿子，长子颜髦，次子颜谦，三子颜约。

从他给儿子起的名字就可以看出来，他希望自己的子嗣能够成为平简儒雅的谦谦君子。而儿子们也没有辜负他的期望，从小就在父母的慈爱与严格教导下长大，都非常懂事，努力学习儒学诗礼，行事稳重谨慎。

颜髦身为长子，少年时起就帮着父母处理一些家族内部的事情，分担他们管家的辛苦。他学习非常勤奋刻苦，小小年纪就以学识渊博出了名。天生美质，又兼内蕴涵养，使得颜髦无论走到哪里，都是玉树临风，卓尔不群。连大司马桓公见了他，也不由得摇头赞叹道："颜侍中，真乃廊庙之望，喉舌机要！"

颜髦历任晋陵、临川太守，承袭父爵封西平侯。他的儿子颜琳后来承袭了西平侯位，孙子靖之官至宣城太守、御史中丞。他的曾孙腾之在书法上很有造诣，精通草书和隶书，自成一体，挺拔隽秀，连梁武帝对腾之的书法也是颇为称道，先后委任他为治书御史、度支校尉与巴陵太守。颜腾之的儿子颜炳之受父亲熏陶，也以书法著称，历任奉朝诣、辅国大臣与江夏王参军，而他的儿子颜见远就是颜之推的祖父了。

颜髦的弟弟颜谦与颜约也都在朝中为官，颜谦官至安成太守。

颜氏代传恭孝，颜含本身就以孝悌出名，他的三个儿子也继承了家族的孝悌之风。

颜髦的品行学识得到了梁武帝的欣赏，皇帝甚至颁下诏书，许他以要职，要任命他为尚书郎、大中正、给事黄门侍郎。这些官职都是非常显要的，非品行高尚者不能居之，一旦上任，就是天子近臣。然而颜髦却因为父亲颜含逐渐年老，需要照顾，而且家中需要有人护持而拒绝了皇上的好意。颜含年纪大了，致仕还家，颐养天年，颜髦便辞去了所有职务，专心侍奉老父。甚至颜含的每一顿饭和点心，颜髦都要亲自操持。颜谦负责管理家族所有的田地，事必躬亲，打理得井井有条，让家里衣食无忧，自给自足。小儿子颜约也在闲时帮助兄长侍奉逐渐年老体衰的父亲。

就这样，寒来暑往，秋收冬藏，桑树绿了又黄，颜家巷在安宁祥和、上下和睦的气氛中静静度过了二十载。这二十载，颜含过得很惬意。功成身退，卸去了一身重担，每日接受三个儿子的侍奉，关心孙辈的学问长进，再逗弄逗弄伶俐可爱的曾孙，他的晚年非常快乐满足。

颜含以九十三岁高龄于家中安详辞世，这在医疗水平不高、战乱频繁、寿命普遍不长的古代社会是非常罕见的高寿了。去世前，颜含感到自己大限已到，把子孙都叫到床前，郑重交代，自己死后一定不要奢华厚葬，只要素棺薄敛，一定不要给他穿上豪华的礼服，也不要陪葬珍贵的珠宝器皿。

皇帝得知颜含逝世的消息，悲伤不已，又听闻颜含临终遗嘱，嗟叹不已。感佩之下，为了表达哀思，皇帝下诏，赐给颜家一块墓田，并赠予颜含谥号“靖侯”。谥号，是皇帝对逝去的亲属大臣的一生所做的评价，“靖”有中正平和、安邦定国、敬老与贵、交不失礼的意思。纵览颜含的一生，于“靖”这个字，可说是实至名归。

颜含的三子因为敬爱的父亲去世，悲痛不已，出殡之前，每个日夜都守在灵堂里。有一天，隔壁突然起火，火势蔓延了过来，直扑灵堂。颜髦、颜谦和颜约三兄弟没有慌乱逃生，反而抱住了父亲的棺木大哭。他们已决定，哪怕与父亲的灵柩一起被烧为灰烬，也决不离开父亲一步，决不能坐视父亲遗体被毁而独自逃生。

浓烟滚滚，炙热的火浪像一个狰狞的魔鬼，烧得屋梁家具噼啪作响。眼看着火势蔓延过来，就要将颜氏三子吞没了。然而峰回路转，柳暗花明，就在火舌舔到灵柩的一瞬，火竟瞬间熄灭了。

颜氏三子劫后余生，颜含灵柩得以保全，火焰垂棺顿灭的奇事很快传播开来。人们都评论说：“颜公平生有很高的品行，连上苍都被他感动，这次灵堂异象，正是天神显灵，保佑颜氏呢！”然而，谁又能说不是颜氏三子拼死护棺，感动了上苍呢？

## 第五节　龙性难驯思经远

浙江温州洞头县望海楼前颜延之塑像

唐代的刘禹锡曾有《乌衣巷》一诗，诗云：“朱雀桥边野草花，乌衣巷口夕阳斜。旧时王谢堂前燕，飞入寻常百姓家。”这里的“王谢”指的是东晋时期的两大显赫家族：以王导为首的琅邪王氏和以谢安为首的陈郡谢氏。南北朝的刘宋时期，谢家出了一个以文才出名的俊彦——谢灵运。谢灵运开创了山水诗派，文采风流，冠绝一时。而当时的文坛上，还有一个人，人们每每赞美谢灵运的词赋时，也常常同时提起他的名字。这个人，就是与谢灵运并称“颜谢”的“元嘉三大家”之一——颜延之。

## 孤贫美质

颜延之出生在东晋孝武帝太元九年（384年），就在他出生的前一年年底，东晋刚刚打赢了一场生死攸关的大战——淝水之战。太元八年（383年），前秦苻坚带领百十万大军径直碾压过来，意图吞并东晋，而东晋当时只有八万兵力，两者相比，力量悬殊得可笑。然而，东晋军队在大将谢玄的带领下，出奇兵，用奇谋，硬是使得苻坚“草木皆兵”“风声鹤唳”，大败而归，实现了以蚍蜉撼动大树的奇迹。东晋虽然获胜，却也付出了沉重的代价，元气大伤，国力渐渐衰弱下来，逐渐走向末路。

颜延之的祖父，就是颜含的第三子、官拜零陵太守的颜约，他的父亲是颜显，曾担任东晋护军司马。颜延之还很小的时候，颜显便因病去世了。失去了慈爱的父亲，少年颜延之稚嫩的肩膀早早便挑起了家庭的重担。

失去了家中主要的经济来源，颜延之的生活过得很困苦。他小小年纪就学会了省吃俭用，在破败的屋瓦下顽强地生存。然而颜延之过得很快乐，经济拮据，经常揭不开锅，但他还有书，这些书就是他的精神支柱与美味食粮。

颜显在世时，从颜延之懂事时起就悉心教导他基本的礼仪规范，并指导他诵读儒家的经典。对于颜延之来说，屋子里满满的书籍，就是父亲留给他最宝贵的遗产和最珍贵的回忆。

每天，从朝阳升起到日暮西斜，除了喝水吃饭，颜延之都在读书，甚至经常读得入了迷，手不释卷，忘记了吃饭。

就这样，还不到弱冠之年的颜延之便已通读经典，博览群书。他写出的文字也非常优美，辞藻华丽，冠绝一时。不过，他生性疏狂，嗜好饮酒，行事举止颇有率真放荡、不拘小节而又风流自赏的魏晋风度，对所谓的权贵也是不屑一顾。颜延之的妹婿叫作刘宪之，是东莞刘穆之的儿子。刘穆之，字道和，祖上是汉高祖刘邦的庶子。东晋末期，刘穆之在朝廷任职，官至尚书左仆射，与后来取代东晋建立刘宋的大将刘裕交好，地位显赫。刘穆之听说颜延之才高八斗，文采斐然，又有这样一层亲戚关系，便有心替他谋个官职。谁料，刘穆之约请相见，颜延之却拒而不见。他不要靠着关系、通过攀附权贵得来的官职，他要靠自己的才学来争取自己的前途。

很快，机会就来了。

## 声名大噪

东晋安帝义熙元年（405年）前后，颜延之经人举荐，到后将军、吴国内史刘柳帐下担任参军，此时，他才刚过二十岁，便正式步入了仕途。

在刘柳麾下不久，颜延之又被调到豫章公世子刘义符的帐下，任中军行军参军。参军，顾名思义，就是参谋军务的意思，一般用作心腹和幕僚，为长官出谋划策。颜延之年纪轻轻，就被授予参军一职，即便是因为他闻名在外受人赏识，以他刚过弱冠之龄，也是殊为难得。

东晋安帝义熙十二年（416年）八月，刘裕整兵北伐。之前的七年间，刘裕征战四方，已经统一了动乱不安的南方割据势力，正值此时，后秦国主姚兴去世，新主即位后，国内内乱不断，刘裕认为这是个打击后秦的好机会，便以刘穆之掌管朝廷内政和军需补给，以王镇恶和檀道济两员大将为前锋，浩浩荡荡北伐去了。一路上，果然如刘裕预料的一样，后秦国内的内讧削弱了军队的实力，三路大军势如破竹，连破潼关、彭城、许昌等重镇，终于在十月份收复了洛阳。

捷报连连，使得皇帝高兴得合不拢嘴，朝野上下一片欢腾。随即，皇帝便下诏，封刘裕为宋公。刘义符得知，马上派遣颜延之带着厚礼，北上洛阳，向刘裕表达自己的祝贺。抵达洛阳后，颜延之满怀期待与好奇，走进了这座历史悠久的古都。然而让他失望的是，战祸连连的洛阳早已不复他在书中所读到的繁华景象。四顾看去，原本金碧辉煌的宫殿楼阁，早已变成了庄稼地。看着这样的情景，颜延之不禁吟咏起《诗经》里的《黍离》篇："彼黍离离，彼稷之苗。行迈靡靡，中心摇摇。知我者，谓我心忧；不知我者，谓我何求。悠悠苍天，此何人哉？"他心有所感，在回程的路上，又作诗两首，这两首诗的文辞优美华丽，备受赞誉。

然而北伐的战果并没有维持多久。东晋安帝义熙十三年（417年），刘裕布置在朝堂上的最重要的棋子刘穆之去世，势力已经在东晋一方独大的刘裕再也按捺不住称帝的野心，又怕因为刘穆之的去世，朝堂上会发生对自己不利的变故，便留下自己的幼子刘义真镇守关中，快马加鞭赶回建康夺位去了。最终，他成功地逼迫晋恭帝司马德文禅位，攫取了东晋的政权，刘宋建立。然而，他从前线匆匆赶回的代价，就是后秦北方的夏国觑准这个机会，以雷霆之势发兵南下，迅速攻占长安，关中地区再次落入敌手。至此，北伐的胜利果实荡然无存，功败垂成，令人扼腕。

对于这些，刚刚即位、大愿得偿的宋武帝刘裕在恼于夏国乘隙而入的同时，却是无暇顾及了。他必须忙着巩固自己的皇权，对朝堂人事进行重新洗牌，并推行一系列措施收拢人心。颜延之就是这时被提拔为太子舍人，做了太子的秘书和侍从，开始在政坛崭露头角。

然而让颜延之更快声名鹊起的还是他出色的文才。刘裕即位后，为了拉拢天下士人，推行统治者一贯的重儒学的政策。其时，有一个雁门人周续之以儒学著称，武帝登基后不久，便将他从隐居的庐山请出来，迎到京城，并为他特意设置了馆舍居住。一天，武帝亲率朝中有才学的官员驾临周续之的馆舍，前来辩论与讨教。颜延之尽管在官员中职位不高，却被安排坐在了上首。

辩论开始。武帝早准备了一些问题，派人问了出来，周续之侃侃而谈，巧舌如簧，都做了很好的解答。不过，道高一尺，魔高一丈。颜延之针锋相对，三言两语便驳倒了周续之。武帝请他对自己的观点做更详细的解释，他用简洁的言辞和通畅的说理折服了在场所有人。武帝心怀大悦，回宫之后，便提拔颜延之为尚书仪曹郎、太子中舍人。

同时，颜延之因为连连挫败周续之的事迹，也引起了庐陵王刘义真的注意。刘义真是刘裕的次子，年仅十二岁就随父北伐，虽然最后镇守关中失败，却也有刘裕南下夺位后方空虚、留守大将内部不和的大部分原因在里面。他本人非常聪明颖悟，在王子中也以爱好文学出名。刘义真常常招来颜延之、谢灵运和名僧慧琳这三个学通古今的饱学之士一同谈天饮宴，他们都爱好谈玄和辞赋，很快就成了朋友。饮宴之上，这四人时常纵酒高歌，高谈阔论，尽显狂士之态。

对于“名士”来说，这等疏狂的风流形态是很正常的，然而放到刘义真的身上，就有些不合适了。他身为王子，身份本就敏感，他的一言一行，总是被人关注。但刘义真毕竟年纪轻轻，对于政治的敏感性还不高，常常信口开河，不计后果。一次酒到酣处，刘义真甚至说：“以后要是我当了皇帝，就让谢灵运和颜延之做我的宰相，慧琳做西豫州都督。”说者无心，听者有意。尽管刘义真并没有什么举动显示出他有争储的迹象，这番言论还是传到了有心人的耳朵里，引起了猜忌。这有心人就是权臣徐羡之和傅亮。

## 物忌坚芳

颜延之生性便有些直率疏狂，不拘小节，再加上正值年少得意，血气方刚，他又恃才傲物，不攀附权贵，久而久之，便得罪了很多人，甚至被人暗地里起了一个绰号——“颜虎”。

当时朝堂上的权臣、尚书令傅亮也是一个博学多才的人。不过傅亮这个人比较自恋，一直认为自己的文字是天下最优美的，没有人能比得上。而朝中大臣畏于傅亮的权势，对他也是大加奉承。唯有颜延之跳了出来，将自己的作品与傅亮做比较，认为自己的文才绝不在傅亮之下。这便引起了傅亮深深的忌恨，再加上对刘义真等人的猜忌，颜延之就成了他的眼中钉。

刘裕驾崩，刘义符即位，因为颜延之曾在他的麾下做事，且赏识他的才华，便将之提拔为正员郎兼中枢，主管礼仪方面的事务。可惜好景不长，两年之后，徐羡之和傅亮便废刘义符，扶保刘义隆上位，是为宋文帝。傅亮等人把持朝政，一手操纵，将谢灵运调任永嘉太守，颜延之调任始安太守。于是，二人被远远地排挤出了京城。

始安，就是如今的广西桂林。在当时的人看来，桂林的地位还不是和现代一样的旅游胜地，而是处于岭南的穷乡僻壤、教化未开之地。远离国家中枢，被放逐到蛮荒之地，颜延之的心情有些沉重。在路过汨罗江的时候，他心有所感，写了一篇祭屈原文，以抒发心志，文中有这样几句："兰薰而摧，玉贞则折。物忌坚芳，人讳明洁。"从中可以看出他的郁郁之意，以及隐藏着的自比高洁的风骨。

始安给了颜延之一个惊喜。出乎他的意料之外，这里并非是传说中的蛮荒之地，而是拥有无可比拟的秀丽山水之所。虽然相较于北方，当地百姓疏于教化，却是民风淳朴，自有田园自在之乐。于是闲暇之余，颜延之的足迹踏遍了始安山水，饱览秀丽风光，并留下许多歌咏佳句。直到现在，桂林还流传着颜延之的诗句："未若独秀者，峨峨郛邑间。"诗中赞美的是突出于石林中间的一座石山，挺拔险峻，一枝独秀。颜延之寥寥数字，便道尽了这座石山的神韵。从此之后，这座石山就以"独秀峰"命名了。

任始安太守期间，颜延之恪尽职守，在当地鼓励农垦，减免赋税和徭役，并大力推行文字教化，短短三年的工夫，始安便发生了很大的变化，颜延之也得到了当地百姓和下属官员的尊敬与拥戴。

就在颜延之任始安太守期间，朝廷又发生了大事。南朝宋文帝元嘉三年（426年）正月，一手遮天的傅亮、徐羡之和谢晦等权臣被文帝以"怀宠失德"的罪名诛杀，之前被三人刻意打压的一些能臣得到起用。颜延之也被征召回京师，任中书侍郎一职，不久就转为太子中庶子、步兵校尉，获得了许多赏赐，仕途又开始重现光明。

然而，江山易改，禀性难移。尽管在赴任始安的路途上，颜延之悟出了“物忌坚芳”的道理，骨子里的孤芳自赏和直率疏狂还是改不了。“虎”性上来，不论面对什么人，哪怕是朝中权要，他也随性直言，言辞激烈。

其时，刘湛和殷景仁是朝中权臣，翻云覆雨，肥缺重任往往被这二人截去。颜延之不平，便道：“天下之务，当与天下共之，岂一人之智所能独了！”刘湛是刘柳的儿子，颜延之对他说：“我名声不显，升职缓慢，一定是因为我曾经在你父亲手下做事，你打压于我。”刘湛对颜延之恨之入骨，便通过彭城王刘义康，寻机将他赶出京城，出为永嘉太守。

又一次被排挤，颜延之心中充满怨愤，赴任途中，作了一首《五君咏》，叙述昔日“竹林七贤”显贵之时被贬斥罢黜，并以咏嵇康自比：“鸾翮有时铩，龙性谁能驯！”

这首诗一传到刘湛耳朵里，刘湛大怒，认为颜延之的言语分明就是抗旨不遵，心怀怨怼，所以口出不逊。他又找到彭城王刘义康，想要把颜延之狠狠地贬到更远的地方。刘义康听到颜延之的诗句，也心下不快，思忖了一下，道：“不用让他去永嘉任太守了，就让他在乡间思过，如果还是不知悔改，就把他赶到远远的东边去，或者奏报皇上，予以重惩！”当下另派了一个人顶替颜延之担任永嘉太守了。就这样，“龙性难驯”的颜延之“龙困浅水”，赋闲在乡下整整七年。

然而颜延之始终也“不知悔改”。东晋的恭思皇后下葬，葬礼要采用义熙元年入朝任职的官员，于是朝廷派人来找颜延之。颜延之当时在乡下草舍内喝得酩酊大醉，摇摇晃晃地看过信之后，就将信扔在地上，借孔子的话一口回绝道："未能事生，焉能事死！"最终也没有去参加葬礼。文帝曾经召见他，他却自顾自在屋中饮酒，高声唱着挽歌，对皇帝的宣召不加理会。文帝知道颜延之的性情，对他的狂态已经习以为常，便也不加理会。

## 《庭诰》传家

赋闲在乡下的七年，颜延之的生活变得拮据起来，时而需要旁人的接济。不过他从小就是从苦日子中过来的，倒也安之若素。在这几年间，颜延之闭门读书之余，写作了《庭诰》一文，作为家训，传给子孙。

为什么叫"庭诰"呢？古代的房屋，中庭是比较宽阔的、议事的地方，是严肃的处所，古人训诫子女后辈，经常选在中庭进行。孔子的儿子孔鲤，就曾两次"趋庭"而过时，被孔子叫住，对他进行考校和教导。因此，后世很多人便将自己的家训命名为"庭训"，"庭诰"即有此意。

魏晋南北朝时期，是家训发展非常迅速的时代，从先秦的口头训诫，逐渐出现了文字的记载，甚至联结成篇，流传开来。这时的家训更多产生于士族之中。两晋时期，士族高门的家族意识越来越浓厚，同时社会的动荡、朝代的频繁更迭，使得人们充满了朝不保夕的不安定感。因此，如何传承家学家风，使子孙绵延兴旺，在乱世中图存保全，"门第如故"，就成了世家大族最关心的事情。

这一时期涌现出的家训众多，也体现出一些共同的特点。

首先就是对儒家思想的强调与重视。自古以来，儒家学说中便以“孝”和“悌”的伦理思想作为根本。长辈和晚辈之间、同辈之间通过孝悌紧密地联结起来，才能使家庭团结和睦，这是一个家族兴旺的根本。因此，诸多名人家训里面，都把孝悌伦理放在首位。比如魏王昶的《诫子侄文》中记载：“夫人为子之道，莫大于宝身全行，以显父母。”颜延之在《庭诰》中也这样写道：“况树德立义，收族长家，而不思经远乎？曰身行不足遗之后人。欲求子孝必先慈，将责弟悌务为友。虽孝不待慈，而慈固植孝；悌非期友，而友亦立悌。”强调了父母慈、子孙孝、兄弟悌的思想。

其次就是在为人处世方面的关心。在这一点上，出现了很奇妙的现象。魏晋时期多名士，名士多风流，比如著名的“竹林七贤”就是其中的代表。这些名士自诩风流，疏狂旷达，放荡不羁，酗酒赋诗，口无遮拦。他们可以赤裸着身子饮酒，可以躺在墙角下作诗，可以吸食像毒品一样的五石散追求飘飘欲仙的感觉。有些举止在后世看来有些不可思议，甚至“伤风败俗”。然而就是这样的人，在为后世子孙留下训诫的时候，却无一例外非常现实，甚至在言语中禁止子孙养成这样的“名士”作风。比如嵇康在《家诫》中便道：“夫言语，君子之机。机动物应，则是非之形著矣，故不可不慎。”

而对于颜延之来说，他尽管“龙性难驯”，狂诞有加，在《庭诰》中，却是殷殷教诲子孙要谨言慎行，并警告道：“千人所指，无病自死。”要子孙不以富贵浮华为念，不要心生怨诽，要关注民生，勤俭持家，韬光养晦。《庭诰》之中，颜延之要子孙努力做“士之上者”，而这

"上士"的标准，就是"不以所能干众，不以所长议物，渊泰入道，与天为人"。至于"酒酌之设，可乐而不可嗜"，这更是与颜延之一贯的行为明显相左的。

如何有这样的矛盾？这也是可以理解的。古人在为后人留下家训的时候都非常慎重，他们的出发点只有一个，就是维系家族，使子孙昌盛。因此，在训诫中，他们就变得非常现实，一切从生存的角度来考虑了。

在交友方面，颜延之在《庭诰》中也给出了中肯的建议。他认为"游道虽广，交义为长"，因此要善于选择良友。"习之所变亦大矣，岂唯蒸性染身，乃将移智易虑。故曰：'与善人居，如入芷兰之室，久而不闻其芬。'与之化矣。'与不善人居，如入鲍鱼之肆，久而不知其臭。'与之变矣。是以古人慎所与处。唯夫金真玉粹者，乃能尽而不污尔。"在这里，颜延之引用《孔子家语》中的话，劝诫子孙交友谨慎，其中可见其对后辈拳拳的关心之意了。

在实际生活中，颜延之对儿子颜竣的管教也很严厉。颜竣继承了父亲的才学和绚烂的文笔，仕途一直很平顺。后来颜竣投靠孝武帝刘骏，助其夺位，从而平步青云，直至权倾朝野。然而，身居高位的颜竣逐渐被权力和富贵迷花了眼，出门要用豪华的仪仗队，生活奢侈，且在君王面前直言犯谏，出口不逊。

颜延之本人崇尚节俭，穿布衣，吃素食，出门坐牛车。他对颜竣的行为很是失望，每次在街巷中遇见颜竣的仪仗，都要远远避开。他还曾对颜竣说："我平生最见不得骄横权贵，可惜不幸见到了你。"

有一次，颜延之到儿子家中，看到日上三竿了，颜竣还没起床，而来拜访的客人就干巴巴地坐在前厅一直等候。颜延之大怒，一把掀开颜竣的被子，指着他大声呵斥道："我教训过你多次，一定要谨记谦虚慎行，否则会带来灾祸。你如今这样，富贵安能长久？你好自为之吧！"说罢怒冲冲拂袖而去。

颜延之的话很快就应验了，几年之后，颜竣就因为傲慢和直言遭到皇帝的忌恨，惹来杀身之祸。

南朝宋孝武帝孝建三年（456年），颜延之在家中辞世，享年七十三岁。死后，他被朝廷追赠为散骑常侍，赐谥号"宪子"。

## 第六节　义孝两父子

儒家有“三纲五常”，这“五常”就是仁、义、礼、智、信。在《论语》中，孔子就提出了“义”：“君子喻于义，小人喻于利。”“义”这个字也被孟子放在“信”和“果”之前，作为儒家的最高道德标准之一。那么，什么样的人才是君子？到底什么是“义”？“义”这个字没有明确的定义，它包含了很广的范畴。可以说，“义”是一种精神，是一种气节，是一种勇往直前的不屈，是一种固守原则的坚持。自古以来，有君臣之义，有夫妻之义，有朋友之义……总而言之，就是人与人之间的不违本心的道义。

颜氏家族以自己为孔门高足、复圣颜回之后，世代以儒学传家。每名颜氏子弟从幼时开蒙起，就在家长的督促和指导下开始学习儒家经典、礼乐史籍。然而，满门读书人，并不意味着他们四体不勤、五谷不分、手无缚鸡之力。颜氏族人中有很多人能文能武，比如颜含，就曾领兵抵抗苏峻之乱并依此获功。“义”之一字，在颜氏子孙身上，也是体现得淋漓尽致，甚至演化出唐代颜氏双卿的壮烈。《颜氏家训》中，颜之推就曾满怀深情与触动，记录下了他的祖父颜见远义烈殉主的故事。

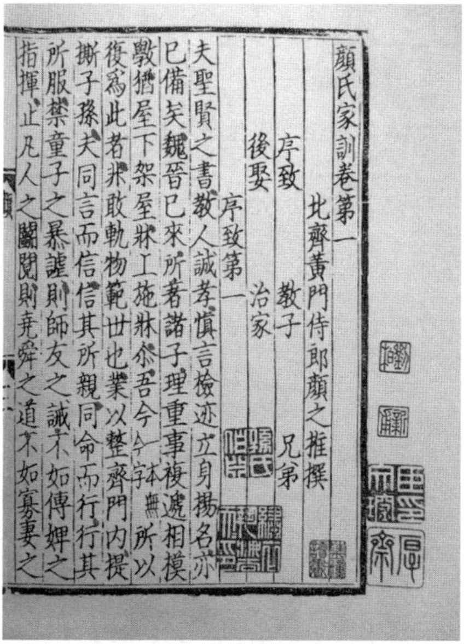
顏氏家訓卷第一　北齊黃門侍郎顏之推撰
序致　教子　兄弟
後娶　治家
序致第一
夫聖賢之書教人誠孝愼言檢迹立身揚名亦已備矣魏晉已來所著諸子理重事複遞相模斆猶屋下架屋牀上施牀尒吾今（今字本無）所以復爲此者非敢軌物範世也業以整齊門内提撕子孫夫同言而信信其所親同命而行行其所服禁童子之暴謔則師友之誡不如傅婢之指揮止凡人之鬬鬩則堯舜之道不如寡妻之

《颜氏家训》元刻本

## 绝食明志

颜见远是颜含的六世孙，他生就一副直率的性子，为人耿直，往往仗义执言，毫不避讳。从小，颜见远便博览家中丰富的藏书，学识渊博，素有才名。因此，他也得到了南朝齐朝廷的重用。

齐明帝萧鸾第八子、南康王萧宝融曾任荆州（今湖北省公安县东北部）刺史，镇抚荆州，召颜见远至麾下任录事参军。录事参军是晋时设置的官职，是将军的属官，掌管全军名册，负责举报弹劾军中不法之事，以协助整肃军纪。因此，录事参军的作用就相当于军中的御史言官。

此时，正是东昏侯萧宝卷在位年间。

这萧宝卷是明帝的二儿子，萧宝融的哥哥。南朝齐明帝永泰元年(498年)，明帝驾崩后，年仅十六岁的太子萧宝卷继位。萧宝卷不学无术，又奢侈荒淫。同时，他还性情残暴，任意屠杀大臣，连明帝留给他的六位辅政大臣都被他杀光了。结果君逼臣反，老臣们纷纷起兵反抗，而萧宝卷则不择手段，血腥镇压。南朝齐永元元年（499年），萧宝卷毒死了曾经救驾有功的豫州刺史、尚书令萧懿。这一下，惹怒了萧懿的兄弟、手握重兵的雍州刺史萧衍。永元二年（500年）年底，萧衍举战船三千，甲士千人，联合南康王萧宝融一起发兵建康，讨伐昏君萧宝卷。在江陵，萧衍便拥萧宝融为皇帝，是为齐和帝。

和帝于江陵继位后，便封颜见远为治书侍御史，不久又兼任中丞。从这时起，颜见远便带领颜氏全族迁居江陵了。

可惜，南齐的皇帝似乎继位后都比较短命，萧宝融也没有逃脱这种命运，没等有什么作为，便草草落幕，不得善终。萧衍拥立和帝后，兵围建康，宫中发生内乱，萧宝卷被杀死。于是萧宝融完完全全掌握大统，萧衍以拥立之功，为天子以下第一人，任大司马，被允许佩剑入宫，宫禁之内来去自如，荣宠无双。然而大权在握的萧衍也有着勃勃的称帝野心，502年的春天，萧衍逼迫和帝“禅让”于他，拿到禅位诏书后，登极称帝，建立梁国。建国后不久，被软禁起来的萧宝融便“获赐”一块生金，不得已吞金自尽了。

萧衍欲得大位，蓄谋多时，以雷霆手段逼迫和帝禅位，文武百官都来不及反应，只得缄口不言，接受现实。见木已成舟，无力回天，颜见远很干脆地辞去了官职。不久，萧宝融暴毙的消息又传来，南齐灭亡，梁国建立。颜见远听闻，目眦欲裂，悲愤不已。他将自己幽闭在屋内，不饮不食，恸哭不止，数日之后，便身亡于家中。

梁武帝萧衍联合萧宝融反东昏侯的时候，便识得其帐下的颜见远了，而且很是欣赏颜见远的耿直与学识。听闻颜见远悲伤过度，绝食而死，梁武帝惋惜得直跺脚，连连道："我登临大统，乃是奉天承运，是天意！而且我从未对朝中旧臣做过什么不利于他们的事，颜见远怎么能这样反对我呢？唉！"

其时，时局动荡，战乱频仍，天下动乱，皇帝频繁更换，战火硝烟就从没有断过，人们都已经麻木了，忠贞不贰、节烈殉国之人已经很少见了。因此，颜见远发愤绝食，以身殉国之举，在当时引起了轩然大波，人们都对他的勇气和忠义表示敬佩，一时人人称道，争相传颂。

## 事舅如亲

颜见远以身殉国，身后留下一个儿子颜协。颜协从小就受到父亲的影响，博览群书。他的草书和隶书都写得很好，尤其工于飞白体，于茶艺之道更是独有心得，远近闻名。

母亲早死，父亲殉国，颜协小小年纪便成了孤儿。父亲颜见远绝食明志，那几日颜协一直看在眼里，留下了永世不忘的记忆。父亲的贞烈带给他的震动，以及幼年失怙的凄惶无措，使得小颜协比同龄的孩子更加成熟、稳重。颜协的母亲出身于陈郡谢氏，谢氏家主，也就是颜协的舅舅谢暕见他孤苦无依，实在可怜，便将其收留于府上，把他当作自己的儿子一样看待。

颜协博学善书，受到赏识，被萧衍第七子萧绎征召为湘东王国常侍，又兼任府记室。萧绎出镇荆州之后，又提拔他为正记室参军。记室一职始于东汉，又称记室令史，是在王侯将军手下掌管表章书记的官。一般来说，王侯将军选拔记室，都会选择才学出众之士，对经史诗文的造诣要求很高。由此可见，颜协的学识涵养是受到广泛肯定的。

后来，抚养颜协长大的舅舅谢暕去世了，颜协感念谢氏的养育之恩，悲痛不已，旋即告假返回谢府居丧，并坚持执子侄之礼，观者、闻者无不深深感动。颜协事舅如亲的孝举甚至上达朝廷，皇帝动容之下，想要让他入朝为官。但颜协受到父亲颜见远的影响很大，决心不求显达，永不仕梁，对于封官的旨意，全部婉言拒绝了。只一心在萧绎的蕃王府效力，并悉心教导自己的三个儿子：之仪、之善、之推。

颜协四十二岁便去世了。已经登基成为梁元帝的萧绎闻讯，叹惜不已，作《怀旧诗》一首来怀念颜协，诗云："弘都多雅度，信乃含宾实。鸿渐殊未升，上才淹下秩。"

颜氏祖茔自颜含之后一直在江宁白下幕府山，然而到了颜协这一代，颜氏家族此时已经移居江陵。因为迁往祖茔的路途遥远，耗费的人力、物力巨大，于是颜协便被就地安葬于江陵东郭。他的儿子颜之推一直对于父亲"旅葬"不能归于祖茔而耿耿于怀，曾多次寻找机会欲迁颜协之坟回转白下，皆因战乱流离，难以成行，这也成为颜之推一生的遗憾。

第二章

# 顾平生　风雨流离

今人只要一提起“家训”，便要提到《颜氏家训》。《颜氏家训》七卷二十篇，包括序致、教子、兄弟、后娶、治家、风操、慕贤、勉学、文章、名实、涉务、省事、止足、诫兵、养生、归心、书证、音辞、杂艺和终制，涉及治家、修身、治学、养心、风俗等诸多方面，包罗万象。这部家训不仅于颜氏家族内部世代谨守留传，也对后世产生了很大的影响。著名藏书家、宋人陈振孙在《直斋书录解题》中点评此书为：“古今家训，以此为祖。”清人王钺在《读书丛残》中也盛赞道：“北齐黄门颜之推《家训》二十篇，篇篇药石，言言龟鉴，凡为人子弟者，可家置一册，奉为明训，不独颜氏。”可见此书在知识分子心目中的地位是何等崇高。

《颜氏家训》并非一气写成，它的写作前后耗时数十年，伴随了颜之推半生。颜之推曾作《古意诗》记叙他的一生：

十五好诗书，二十弹冠仕。

楚王赐颜色，出入章华里。
作赋凌屈原，读书夸左史。
数从明月宴，或侍朝云祀。
登山摘紫芝，泛江采绿芷。
歌舞未终曲，风尘暗天起。
吴师破九龙，秦兵割千里。
狐兔穴宗庙，霜露沾朝市。
璧入邯郸宫，剑去襄城水。
未获殉陵墓，独生良足耻。
悯悯思旧都，恻恻怀君子。
白发窥明镜，忧伤没余齿。

诗中用了许多隐喻，从中可以读出颜之推一生的跌宕起伏。那么，这二十篇凝聚着心血的殷殷嘱托，字里行间，到底融入了颜之推怎样的感悟，又隐藏了多少悲欢离合？

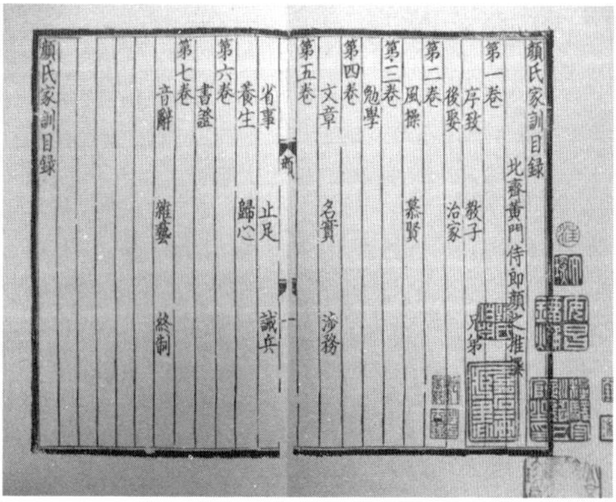
顔氏家訓目録
北齊黄門侍郎顔之推撰
第一卷 序致 教子 兄弟
後娶 治家
第二卷 風操 慕賢
第三卷 勉學
第四卷 文章 名實 涉務
第五卷
省事 止足 誡兵
養生 歸心
第六卷 書證
第七卷 音辭 雜藝 終制
顔氏家訓目録

《颜氏家训》，上海图书馆藏元刻本

# 第一节　年少失怙　长兄如父

梁武帝大同五年（539年），江陵颜府一片呜咽之声，府门两旁原本挂着的红灯笼早已被取下，再被挂上时，已换成了素白纱罩。走进府内，入目一片素色，人人面带悲戚，穿梭忙碌。中堂之上，一座灵堂早已布置起来。灵堂内，由高到低站着三个身着重孝的少年。这三个少年，最小的还在垂髫之龄，最大的也尚未及冠。三人都是满面泪痕，看着面前停着的乌沉沉的柳木棺，眼里透出钻心的疼痛，还有对未来的惘然。

## 痛失慈父

颜协去世那年，颜之推只有九岁。父亲的辞世对他来说是一个沉重的打击，以至于将父亲下葬之后，他依然不敢相信，不久前还督促他背诵《大学》的父亲，突然间便不在了。

家主去世，身为长子、只有十七岁的颜之仪似乎一夜之间就长大了。

失去了家中的支柱，财务上也捉襟见肘，不得不遣散一些仆役。看着比以往冷清了许多的院落，之仪的心中既难过于父亲的离去，也对未来充满了未知的惶惑。然而，每当看着两个弟弟无助的眼神，他便又充满了勇气，他要教导好弟弟，他要支撑起这个家。

比起父亲颜协幼年丧父不得不托庇于舅家，颜之推是幸运的，他有两个爱他的兄长。甫及弱冠，长兄之仪便出门入仕，赚钱养家，日子比父亲在时清苦许多。没有公务要处理时，之仪便带着两个弟弟在书斋坐下来，分别指导他们读书学习。

两个哥哥都很心疼颜之推，对他呵护有加。对这个最小的弟弟，他们从来都尽量满足他的要求，很少责备他，嘘寒问暖，关怀备至。尽管家境拮据，之仪和之善都毫不吝啬，将家里最好的东西全部给了弟弟。在之推眼中，两个哥哥就是遮风蔽雨的树。

颜氏的家教素来严整，颜氏三兄弟从小时候起，就经常接受颜协在孝悌礼节洒扫进退方面的教诲。颜协在世时，三兄弟每天早晚都侍奉双亲，请安问好。冬天先给父母焐暖被子，夏天用扇子把父母用的席子扇凉，这就是儒家孝道中所提倡的“冬温夏凊”了。颜协对儿子们的行为举止也进行严厉的教导，要求他们规矩端方，言语平和，神色安详，恭谨严肃，每时每刻都要注意，就像面见自己的严父一样。每次请安，颜协夫妇都要考问之仪和之善的功课，询问他们日常所为，给予他们严厉的批评或恳切的建议，因此对于这两兄弟，颜协主要是教之以“严”。而对于最小的刚刚开蒙的颜之推，颜协更多的是教之以“慈”。直到多年以后，颜之推都还记得，请安之后，父母将自己叫到膝前，询问学习情况和爱好，温言勉励自己的温暖情景。

颜协去世后，之仪和之善承继了父亲的治家之风，努力向学，上下和睦，兄友弟恭。然而毕竟两兄弟年纪不大，阅历处世有限，对弟弟之推的宠溺相对更多了些，不再像父亲在世时的督促那样严格。之推对两个哥哥也是格外依赖与敬爱，不过兄长的宠爱放纵，再加上思念父母的郁郁之气，使得之推一度也自我放纵起来，整日与其他一些世家子弟在一起厮混，沾染了不少恶习。

## 改邪归正

自魏晋时期起，门阀士族的势力越来越大，逐渐把持着朝廷的政治、经济和军事等各个方面。出身和谱牒受到格外重视，甚至成为做官的青云梯。同时，通过联姻、合作等手段，高门大族之间仿佛织就了一张密不透风的大网，盘根错节，错综复杂。在这种情况下，士族越来越在意的是门户的标榜，是利益的捆绑，是生活的享乐。

士族通过圈占土地、垄断政治攫取了大量财富。西晋时期的石崇就是一个大富豪，他蓄养数千姬妾，山珍海味满席，金银珠宝遍地。最出名的莫过于他和晋武帝的舅父王恺斗富的故事。据《晋书》记载，石崇听说王恺非常富有，心里不忿。王恺饭后用糖水洗锅，石崇便把蜡烛拿来当柴烧；王恺做了四十里的紫色丝绸步障，石崇便做五十里的锦缎步障；王恺用赤石脂涂抹墙壁，石崇便效仿汉武帝时的椒房殿，用花椒粉和成泥涂墙。晋武帝听说二人斗富的事，暗中帮助王恺，赐给他一棵二尺来高的珊瑚树。这珊瑚树是沿海进贡而来，鲜艳如火，枝条繁茂，在当时实属珍稀之物。王恺得意扬扬地带着这棵珊瑚树到石府炫耀，石崇看后，不屑一顾，抄起一把铁制的如意，随手敲下去，珊瑚树应声而碎。王恺心疼不已，认为石崇是嫉妒自己的宝物。石崇道："这种东西不值得你发怒，我现在就赔给你。"于是命令手下的人把家里的珊瑚树拿出来。结果石崇的家人接二连三搬出数棵珊瑚树来，每棵都高三四尺，树干茂密，光华夺目，像王恺那样的小珊瑚树就更多了。王恺看了，瞠目结舌，怅然若失。

士族高门的斗富炫富之风，由此可见一斑。《国语》有云："逸则淫，淫则忘善，忘善则恶心生。"士族子弟们享受着安逸富贵，生活上愈加奢侈靡费、放浪形骸，以披头散发、袒衣酗酒为风雅之事。《世说新语》就曾记载西晋刘伶终日酗酒，放荡不羁，经常脱光了衣服躺在屋中，有人讥讽他，他便反唇相讥："我以天地为房屋，以屋舍为衣服，你进了我的屋子，就是钻进我的衣服啦！"魏末名士阮籍，嗜酒如命，经常蓬头垢面，赤裸了身子张开了腿坐着。这种不雅的举止居然被王澄、谢鲲等大家子弟所推崇，纷纷仿效。《晋书》还记载阮籍喜好邻居卖酒的少妇的美色，经常到少妇那里买酒，现买现喝，直至酩酊大醉，一头扎在少妇床上倒头便睡。如此种种，不一而足。更有甚者，嗜食富含毒性却能使人精神亢奋的五石散，且聚众吸毒，以为"雅集"，结果不少人中毒太深，形销骨立，身体溃烂。由此可见这些士族高门的生活到了何等腐化堕落的地步。

在这样的情境下，严谨守恭的儒家思想被诸多士族抛之脑后，反而刮起了谈玄之风。世家子弟们峨冠博带，大袖飘飘，自诩仙风道骨。他们崇尚老庄，满口天人、阴阳，玄之又玄。随着玄学的流行，"名士清谈"之风也流行起来。士族中人经常聚在一起，高谈阔论，品评人物，这种清谈通常都是以老庄、《周易》等道家玄学为内容。《晋书》就曾记载，有一次，孙盛请殷浩到家里来吃饭，吃饭的时候就开始“清谈”，结果两人你一言我一语争论起来，脸红脖子粗，拂尘满天飞，落了一饭桌的毛，于是撤席再上，冷饭一遍又一遍地再热，直到天黑透了，也没谈出个结果来。这种清谈的情形，在魏晋时期是很常见的。

再说颜之推。少年心性玩心重，又因为父亲早逝心中郁郁，同时兄长忙碌于赚钱养家，又对他过于宠溺，不曾像父母在世时对他严加管教，于是，在和其他一些士族子弟交往日益密切的同时，之推耳濡目染，也赶了“流行”。他逐渐也变得信口开河，高谈阔论，举止轻浮放荡，不修边幅，又学得酗酒高歌，佯装狂士之状。

其实放到现在，颜之推的变化完全可以理解。俗话说得好：“人不轻狂枉少年！”十余岁的少年正是对什么事物都感到新奇，容易呼朋引伴受到诱惑，不分青红皂白盲目崇拜偶像，又有点儿叛逆的时候。好在颜之推的“轻狂岁月”没有持续太久，在他十八九岁成人的时候，自小接受的严格的儒家教育和对家族的责任感占了上风，他对所谓的“名士风流”失去了兴趣，越来越觉得那些其实都是空疏不实的东西，认为还是努力读书学习《诗》《礼》更加有意义。于是颜之推连湘东王萧绎的谈玄道场也不去了，洁身自好，远离狐朋狗友，理智地抽身而退了。尽管如此，习惯成自然，几年下来的一些积习在他的身上还留有影子，甚至害得他一度与皇帝的高官厚赐失之交臂，这是后话，暂且不提。

后来，颜之推在家训的一开头，便将自己年少轻狂的这段经历写了进去。他成年后也一直警醒自己，不要让恶习重现，不要行止失常。这段经历对他来说也是刻骨铭心的，写在家训的第一篇，就是让颜氏的少年人不要再犯同样的错误吧！

## 长兄之仪

颜之推年幼丧父，幸亏得兄长教导学业、支撑家业，给他营造了一个比较温暖、安宁的环境，使他能够安心读书，能够纵情玩乐，能够不为生计发愁。作为长兄，颜之仪付出了很多。他的臂膀并不宽厚，却要支撑起整个家。后来，在家训中，颜之推满怀深情地写道："慈兄鞠养，苦辛备至。"感激孺慕之情跃然纸上。

颜之仪的性格与家教有很大的关系，耳濡目染祖父与父亲的忠烈之举，又从小受到父亲严格的教导，使得他养成了谨慎稳重、忠直不阿的性情。因此，在家中，他一人挑起家庭重担，在朝中，他也一样凛冽耿直，素有担当。

颜之仪自幼便聪慧异常，三岁就能背诵《孝经》，并在父亲敦促下，博览群书，工于辞赋。渐渐地，他的博学与才名传播开来，得到众多名士的肯定。

史书上关于颜之仪的记载不多，他的事迹多是在出仕北周之后的，关于在萧梁时的活动则不得而知。西魏破梁后，士族大家多被战火冲散，纷纷逃往北方，估计颜之仪就是那时北上投奔了北周。

初至北周，颜之仪就因博学之才被委任为麟趾学士，整理校刊经史典籍。不久，皇帝立储，建立储宫，又任命之仪为太子侍读。太子侍读是一个非常重要的官职，作为侍读，主要职责是陪侍太子读书，为太子解答学问上的疑难问题，与太子也就是未来的君王属于亦师亦友的关系。一旦储君继位，侍读往往都会成为心腹大臣，在朝堂中有比较高的话语权和影响力。因此，历朝历代，侍读一职都要精挑细选，只有品行兼优、德高望重之人才能胜任。侍读还有另外一个重要的职责，就是劝谏之责。一旦发现储君的行为有不妥的地方，身为侍读必须要做到仗义执言，毫不畏惧。因此，选为侍读之人，忠贞端方是必需的品德。

从小家教使然，颜之仪颇有其父祖之风，担任太子宇文赟的侍读之时，他就曾多次直言犯谏，恪尽职守。周武帝建德二年（573年），武帝派太子西征吐谷浑。在军中，太子犯了过错，太子宫尹郑译等人睁一只眼闭一只眼，只有颜之仪多次进谏，劝太子改正行为。尽管此处史书语焉不详，不知太子赟到底犯了什么过错，但最终，还是被皇上知道了。武帝严厉处罚了进谏不力的郑译等人，对之仪大加封赏。

尽管颜之仪经常进谏，太子都觉得烦了，但还是非常敬重他的才学与尽职尽责的认真态度。周武帝宣政元年（578年），宇文赟一继位，就升迁颜之仪为上仪同大将军、御正中大夫，官至从一品，又晋爵为公，增邑一千户。上仪同大将军属于文官散职，和散骑侍郎、黄门侍郎的性质差不多，但官居显要。而御正中大夫负责起草诏令、进言劝谏、监察百官，直接参与影响皇帝的决策，乃是朝廷机要喉舌，再加上其他的封赏，可见宣帝对自己这位侍读的重视。

大权在握，颜之仪性子依旧不改，屡屡犯颜直谏，触怒宣帝也凛然不惧。虽然宣帝有时也怕了他的频频进谏，很多时候也并不采纳他的建议，但宣帝心里也很明白忠言逆耳的道理，对之仪更加敬重。有时对于他的建议，也会认真考虑，予以接受。

因为直言敢谏，颜之仪还曾救下了太师于义的性命。

宣帝登基后，宠幸郑译、刘昉等人。这些宠臣以权谋私，造成刑名政治的混乱。太师于义挺身而出，递上奏章，希望整肃朝政。郑译等人认为于义是冲着他们来的，要对他们不利，于是先下手为强，跑到宣帝面前诬告了于义。宣帝果然听信了谗言，把于义的上书解读为“毁谤朝廷”，就要治他的罪。颜之仪得知此事，马上进言道：“尧舜在交通要塞设木牌纳谏，是为诽谤之木，又于庭中设敢谏之鼓。古代贤君尚且不怕闻己之过，于义直言，又怎能因此获罪呢？”之仪以尧舜作比，宣帝心中顿时疏朗了许多，便将此事揭过，于义得以保全。

宣帝临终之前，特意把刘昉与颜之仪叫到榻前交托后事，委托他二人辅佐新帝。宣帝驾崩之后，刘昉和郑译等人写了一份假的遗诏，想要立已与他们相勾结的、野心勃勃的杨坚为丞相，行辅佐顾命之责。遗诏上必须有颜之仪的署名才能生效，于是刘昉等人拿着假遗诏来找他。颜之仪打开遗诏一看，便知有假，厉声呵斥刘昉等人：“先帝对我们恩重如山，他刚刚驾崩，新帝年幼，正是我们应该尽忠尽力报国的时候，你们竟然要将国家拱手让人！我死也不会和你们同流合污，否则就是对不起先帝！”刘昉等人很了解他的脾气，知道事不可为，拿着假诏书回去，伪造了一个颜之仪的签名。最终，杨坚窃国的阴谋得逞了，然而这位后来的隋文帝还是在颜之仪这里吃了鳖。

杨坚如果要名正言顺地窃国继位，就必然需要天下承认的信物。这信物就是虎符与传国玉玺，其所在之处只有颜之仪知道。于是杨坚找上颜之仪索要虎符和玉玺，之仪拂袖回绝：“虎符和玉玺是天子之物，是有主的，宰相你凭什么来索要呢？”杨坚心中大恨，有心杀了他，又因为颜之仪在朝堂和民众之间声望很高，素有清誉，杀了他怕引起民愤，于是作罢。

实际上，杨坚还是非常欣赏颜之仪的忠贞与铮铮铁骨的。隋朝建立后，文帝杨坚再见到颜之仪时，想起种种往事，也不禁哂然一笑，赞叹道：“见危授命，临大节而不可夺，古人所难，何以加卿！”忠诚报国，不惧权势，这连古人也很难做到，而颜之仪做到了，并赢得了所有人的尊重。

比起哥哥颜之仪来，颜之推的命运可算多舛，一波三折。战乱之后，两兄弟再相聚时，已是鬓生华发，物是人非。然而，无论造化如何弄人，始终不变的，是他们忠义爱国、治学崇孝的一颗儒者之心。

## 第二节　一生三化　泪洒亡国

颜氏代以儒学传家，颜氏子弟从小就接受长辈严格的教导，学习儒家经典，学习进退礼仪，在此基础上博览群书，开阔视野。颜氏尤为重视《周官》《左传》，在“礼”“传”上颇有研究。颜之推自小就接受这样的书香熏陶，年仅七岁就能背诵汉代王延寿的经典名作、洋洋洒洒近两千言的《灵光殿赋》了。颜之推很喜欢读书、思考，“十五好《诗》《书》”，不仅是儒家经典，家里的藏书都被他翻阅了一遍，因此其积累丰厚，落笔成章，文采华丽，受到很多人的称赞。

那时的颜之推是意气风发、少年得意的，然而，祸从天降，遽起的战火，改变了他的一生。

### 死里逃生

梁武帝太清三年（549年），大将侯景带兵叛乱，战火燃起，整个梁朝乱成了一锅粥，无数人的命运因此发生了转折。从此，一个安定了将近半个世纪的国家走向了衰败，揭开了灭亡的序幕。

然而，战火本不必燃起，纷争本可以避免。一切的一切只是因为垂垂老矣的皇帝放了两个大昏招。

让我们把时间拉回到三年前。

梁武帝太清元年（547年）的早春三月，建康城内，春寒料峭，又兼绵绵多雨，空气总是湿湿冷冷的，无孔不入地寻找着人们衣服上的空隙，一不留神，那寒意就透到骨子里去。随着一阵清风拂过，就连守卫在皇宫大内皇帝寝殿外台阶两旁的侍卫，也不禁紧了紧身子，缩了缩脖子，听着顺着清风飘过来的爽朗笑声，心里猜测：皇上今天高兴什么呢?

梁武帝萧衍确实很高兴，因为东魏大将侯景来降了。

侯景是东魏的一员骁勇大将，手握数万重兵，镇守河南，深得东魏实际把持朝政的大丞相高欢的信任与重用。然而，当高欢逝世，他的儿子高澄承袭父位之后，却与侯景不和，多方猜忌打压。侯景实在受不了，秘密派人面见梁武帝，传达自己想要以东魏十三州土地归顺梁朝的诚意。

武帝一听大喜过望，东魏十三州呀，那可是相当可观的大片土地！武帝忙召集群臣商议此事，却没想到遭到了众多大臣的反对。原来梁朝一向与东魏交好，两国接壤，边境贸易频繁，多年来相安无事。于是，以尚书仆射谢举为首的大臣坚决反对。他们的担心是很有道理的，即使平民百姓之间，如果接纳了朋友的仇人，又奉为座上宾，那就相当于背叛了朋友，这段友情十有八九就结束了，甚至原本要好的两人反目成仇也不一定。那么，同样的事情，放到两个国家之间，就很可能带来严重的政治后果。大臣们苦苦相劝，可武帝却是油盐不进，坚持认为侯景来归顺是证明自己德行勋著，四海归心。于是他不顾群臣劝阻，接纳了侯景，并依旧封侯景为镇守河南的大将军，只不过现在，在武帝心里，河南已经属于梁国的版图了。

大臣们的担心很快变成了现实，高澄大怒，发兵与梁朝派来接应侯景的武帝侄儿萧渊明大战于寒山堰（今江苏徐州附近），全歼梁军主力，俘虏萧渊明，又以雷霆之势大败侯景，最终侯景只带了八百多名残兵败将，仓皇逃到梁国境内的寿春城。消息传回，武帝差点儿从床上滚下来，呆坐了许久，也没从震惊中缓过神儿来。

紧接着，东魏的使臣便到了。

东魏使者带来了萧渊明的亲笔信。信中，萧渊明对梁武帝说，两国的友好关系不应该因为一个侯景而断绝，之前武帝接纳侯景一事，东魏可以既往不咎，甚至可以将被俘的自己送回。萧衍听了信中内容，大为心动。但群臣听了东魏使者的话，纷纷劝武帝三思。他们认为这封信不一定是萧渊明自愿所写，很可能是东魏的计谋，一旦两国重新结盟，梁朝势必要与侯景有个了断，到时候恐怕自己鹬蚌相争，东魏渔翁得利。然而，任大臣们如何苦口婆心，战败之后惊魂未定又担心侄子安危的武帝充耳不闻，他紧紧抓着这封信，就像抓住了救命的稻草。随即，武帝便迫不及待地回信表示要“重敦睦邦”。

侯景完全不敢相信武帝竟然这样做，如果两国重归于好，那他这个叛将又算什么？又置他于何地？思忖良久，侯景决定最后试探一番，派人假扮东魏使者，要求武帝以侯景交换萧渊明。得到武帝表示同意的回信，侯景的心彻底凉了，继而燃起了熊熊怒火，武帝这个两面三刀的小人，心性竟然如此凉薄！

于是，梁武帝太清二年（548年）八月，侯景招募数千兵士，暗中联合废太子萧正德，一路势如破竹，攻向建康。次年，侯景困杀武帝于台城。武帝临终前仰天大呼："梁朝自我得之，又自我失之，我恨哪！"

武帝死后，侯景又先后废杀了梁朝三个萧姓皇帝，大军一路推进，意图荡平梁国全境，自立为王。

梁简文帝大宝元年（550年），侯景攻克建康。

就在这一年，颜之推十九岁，虽未及弱冠，已然因为文采博学声名大噪。正值湘东王萧绎派遣世子萧方诸镇守郢州，熟识之推并极为欣赏他才华人品的萧绎便把他推荐给萧方诸，在其帐下任管记一职，相当于录事参军。自此，颜之推早早地便步入了仕途。不久，他被提拔为右常侍，又因为立下军功，加封西墨曹参军。

少年得志，颜之推胸中怀着远大的抱负，对未来充满了期望。然而这意气风发很快便被现实的铁锤击得粉碎。

梁简文帝大宝二年（551年）春天，侯景大军一路攻向江陵，围袭郢州。郢州上下，军民齐出，拼死守城，结果终是不敌，不日便沦陷敌手。城中官员，自萧方诸以下，全部被俘，颜之推也在其中。

坐在阴暗潮湿的牢房之中，颜之推心中无比悲苦。自己年方二十，还没来得及大展宏图，就迎来这牢狱之灾，面临杀身之祸。郢州的牢房里已经关满了人，都是自己曾经的同僚。每天都有人被拖出去，从此消失，再也没有回来。颜之推情知此次必死无疑，不禁心如死灰。

然而，“山重水复疑无路，柳暗花明又一村”。就在这性命攸关的时刻，一位贵人的出现化去了他这一劫。

这位贵人就是侯景帐下的行台郎中王则。王则与颜之推并不相识，却早就听闻颜氏家族的颜之推有博学大才，少年有为。于是，王则得知颜之推也在被俘官员之中，便起了惜才之意，几次向侯景求情，颜之推才免于一死，坐在囚车里，被押解回了建康。

因此，说到底，还是颜之推的才学与声名救了他自己一命。

颜之推虽然是阶下囚的身份，却因为出身为士族子弟，又得侯景特赦免死，待遇上还不算太差，起码他被允许在有人看管的情况下，在建康城自由活动。颜之推得知自己可以四处走动，第一个去的地方，就是秦淮河畔的颜家旧巷。

颜之推没有坐车，而是选择步行，他想好好地看一看都城的样子。然而一路所见，令他触目惊心。

只见建康城中处处断壁残垣，没有一点儿繁华景象，街上百姓不多，且要么是半低着头匆匆而过，要么是衣衫褴褛、神情空洞倚墙而坐。一眼看去，三五成群的士兵比百姓还要多些。看着眼前萧条景象，颜之推想起身在郢州时，于萧方诸帐内听到的军情汇报。据说侯景攻克建康之日，就大肆屠城，将全城八千平民百姓半个身子埋在地下，令军士以百姓为肉靶，射箭取乐。可怜百姓下身动弹不得，眼睁睁看着利箭穿身，只能徒劳地挣扎惨呼。一日之内，原本繁华如锦、一片安宁的建康城变成了人间炼狱，尸骨如山，血流成河。当时在军帐之内的人听说这一人间惨剧，群情激愤，拍案大骂。而今颜之推眼见这座古城破落颓败与民生凋敝的模样，心痛如绞。他甚至觉得建康的空气中也飘荡着挥之不去的血腥味儿，不禁也半低了头，加快了脚步。

昔日灯红酒绿的秦淮河也变得沉寂起来，河水暗沉沉的，仿佛是一块巨大的铅块儿。颜家巷并不难找，颜之推略一打听，就找到了祖宅的所在。

说起来有些悲凉，颜氏祖居建康，祖茔都在这里，而颜之推从小就生活在江陵，有心回祖地祭拜一番，却一直没有机会。结果，人生中第一次来到建康，竟是坐着囚车而来，第一次缅怀祖地，竟是以这样的方式。

旧日颜府的大门紧闭着，虽然落满了岁月的灰尘，却依然巍然伫立。颤抖的双手轻轻抚上门口冰冷的石狮，颜之推再也忍不住，泪如雨下。

颜之推的囚徒生涯持续了一年的时间，在这一年内，他经常漫步建康街头，一路走到颜家巷，回想着父亲曾说过的先祖的忠烈事迹，驻足流连，凭吊思念。

而一年过去，一直笼罩在战争阴云下的梁朝臣民也终于迎来了云破天开的曙光。梁简文帝大宝三年（552年）早春，捷报传来，侯景最终战败于萧绎手下大将王僧辩之手。

天刚蒙蒙亮，厚重的城门隆隆打开，一列车队徐徐进了城。这些都是囚车，押送了侯景乱军中大大小小的将领，而其中一辆重兵防守的囚车内就是侯景。建康的百姓纷纷走上街头，看着囚车缓缓驶过，他们终于能够仰起头来，发出了压抑许久的愤怒的呼喊！数日后，侯景被斩首，尸身被投入滚锅，煮至烂熟，建康百姓扶老携幼，全部赶来，一口一口地，和着满腔仇恨，吃下仇人之肉！

战乱既然平定，国内不可一日无君。侯景伏诛后不久，湘东王萧绎便在第一功臣王僧辩的扶保下，于年底在江陵称帝，并将颜之推从建康召回，任命他为黄门侍郎，随从皇帝左右，并负规诫进谏之责。从此，颜之推凭借着自己的才名，走进了国家的政治中枢。

“经长干以掩抑，展白下以流连。深燕雀之余思，感桑梓之遗虔。”这是后来颜之推身在北国、回忆自己的一生时，在《观我生赋》中写下的句子。建康的一年匆匆过去，从死亡的门槛上转了一圈，再次回到江陵家中，颜之推有一种恍如隔世的感觉。国家百废待兴，渐渐安定，自己出仕于朝廷，也许这一次真的可以大展拳脚了。此时，刚刚二十出头的颜之推的眼前，一幅未来的蓝图仿佛正在缓缓铺开。

然而，他真的能如愿吗?

## 烽烟骤起

江陵，颜府。

院内的梧桐树沙沙作响，乍起的秋风吹黄了近半翠绿的叶子，一树黄绿斑杂，轻轻摇动中，不时便有一片黄橙色的大叶，随风荡下，飞舞回旋着慢慢落向地面，煞是好看。院中的落叶没有刻意打扫，金灿灿的落叶铺展在地面上，已经积起了薄薄的一层。入秋以来，天气一直晴朗干爽，这些落叶也是干燥挺括，踩在上面，酥酥软软，就如踏在地毯上一般。

颜府今日非常热闹。梧桐树下，摆了几套桌椅，桌上有杯有盘，盘中盛着料理得鲜翠欲滴的新鲜的秋菜，以及一些油亮多汁切成薄片的烤肉。每张桌后，都或倚或坐着一位文士。这些文士都身着便服，软袍大袖，头戴布巾。看来，这是一个小型的私人聚会。

“弘正兄的咏梧桐诗意境高远，之推自愧弗如，当自罚一杯！”

颜之推斟满自己面前的酒杯，双手拢袖端起，向其他人略略敬了敬，仰头喝下，便投入下一轮的诗文酬唱中了。

这种诗文佐酒、唱答为乐的风雅聚会已经举办多次了。与会的这几人可不是一般的读书人，都是当时非常出名的文人、饱学之士。比如，前面颜之推话语中提到的弘正，就是靖侯颜含曾盛赞其“正”的、死后被追谥为光禄大夫的周颉的九世孙，十岁时便精通《老子》《周易》，声名鹊起。还有家中“七世举秀才”“五代有文集”的文学家庾信，以及事母养弟，以至孝至悌闻名的殷不害等，可谓阵容豪华。这些席间的名士，而今都是颜之推的同僚。

元帝萧绎一向喜好文学，十几岁时便喜欢通宵达旦地读书，因此，他一向非常重视典籍整理与文化工作。在社稷初定之后，元帝便令王僧辩广泛收集天下书籍，并召集了朝中才学出众的大臣，成立专门小组，负责校勘宫中秘阁的藏书。由皇帝指派，直接任命负责校对经部的有左民尚书周弘正、黄门侍郎彭僧郎、直省学士王珪与戴陵；负责校对史部的有左仆射王褒、吏部尚书宗怀正、员外郎颜之推，以及直学士刘仁英；负责子部的有廷尉卿殷不害、御史中丞王孝纯、中书郎邓荩，以及金部郎中徐报；负责校对集部的有右卫将军庾信、中书郎王固、晋安王文学宗菩业，以及直省学士周确。

这次校勘书籍的任务十分繁重，藏书分入经、史、子、集四部，总计多达八万余卷，因此每一个部分的校对，皇帝都委任了四名大臣来负责，颜之推就是其中一个。这十六人都是以学识渊博、文采斐然而著称于当世的著名文人，颜之推自幼饱读诗书，又受颜氏家教熏陶，于《周官》《左传》都很精通，在礼学与史学方面有着深厚的造诣，因此被元帝选中，校勘史部。

无论哪一个朝代，大规模地整理典籍都是朝野关注的大事。将浩如烟海的文化成果刊除谬误、理清头绪，分门别类地按照一定的规则重新编辑，这对于文化的弘扬与传承是功德无量的。无论是朝廷主持的书籍校勘，还是编撰综合性的类书目录，都会受到读书人的支持和拥戴。而一旦成书，也可流芳百世，青史留名。就如明成祖朱棣委任解缙牵头编订的《永乐大典》，以及清代乾隆皇帝集数千人之力整理的《四库全书》，都因其巨大的文化价值，流传至今。因此，能够得到皇帝钦点，奉旨校书，对于当时的知识分子来说，是莫大的肯定与荣耀。

颜之推也非常快活，踌躇满志。每日与十五位同僚一起，一头扎入万卷书海，充满热情地工作。由于终日在一起工作，彼此又志趣相投、互相切磋讨论、互相欣赏，很快他们就成了朋友，工作之余经常聚在一起，斗诗饮酒，属文酬唱，乐在其中。

对于这些沉浸在典籍里的文人来说，现在的生活就如同身在桃源，无比惬意，未来也一片光明。然而，桃源之外的天下，却是风云涌动，蕴含滚滚雷霆。

元帝萧绎虽然平定了“侯景之乱”，使国家重归安定，但也付出了沉重的代价。东魏趁梁国大乱自顾不暇，顺势吞占了江北诸郡，西魏也趁火打劫，夺取梁州和益州，分了一杯羹。战乱甫定的梁朝急需的是休养生息，没有余力再大动兵戈，讨回失地。因此，梁朝选择了打落牙齿和血吞，先隐忍一时，再徐图后计。元帝所统治的疆土，只是以江陵为中心的原有版图的约二分之一，苟安于一隅。

然而，渔翁得利、尝到了甜头的西魏并不满足，就如一只猛虎，跃跃欲试，窥伺着自己的猎物。

梁元帝承圣三年（554年）秋天，又是一年桐叶翻飞，然而此时，人们却已无心对着落叶抒发浪漫情怀、佐酒吟诗了，整个江陵笼罩在一片肃杀与恐惧的气氛中——西魏遣兵伐梁，梁军败退，西魏大军不日即将攻至江陵城下。江陵的百姓每天都在祈祷，希望上天保佑，让梁朝逃过一劫。

他们的希望很快就变成了绝望。

十一月初一，西魏大军渡过汉水，汹汹而来。一个月之后，魏军猛攻之下，江陵陷落，元帝萧绎被俘，旋即被杀。举城上下，所有士族官员，以及平民百姓，不论男女老幼，都成为西魏的俘虏。西魏人驱赶着数以百万计的梁人，一路向北，为自己的国家补充下等的仆役和免费的劳动力。浩浩荡荡的北行队伍中，颜之推扶着拐杖，步履沉重地走在其中。这是他短短几年间，第二次因为战乱成为俘虏，心中充满了苦涩。

后来，颜之推在追忆自己的生命轨迹的时候，曾作《观我生赋》。在赋文中，有这样一段话：

> 惊北风之复起，惨南歌之不畅，守金城之汤池，转绛宫之玉帐，徒有道而师直，翻无名之不抗。民百万而囚虏，书千两而烟炀，溥天之下，斯文尽丧。怜婴孺之何辜，矜老疾之无状，夺诸怀而弃草，踣于涂而受掠。冤乘舆之残酷，轸人神之无状，载下车以黜丧，掩桐棺

之蘽葬。云无心以容与，风怀愤而憀恨；井伯饮牛于秦中，子卿牧羊于海上。留钏之妻，人衔其断绝；击磬之子，家缠其悲怆。

颜之推的身体很疲惫。一路上，虽有家人照顾，但心中郁郁，又缺水少粮，结果患上了严重的脚气之疾，缠绵不去，以致难以行走，只能拄着拐杖，由家人搀扶，一步一挪地走向茫茫北方。

颜之推的心很痛。他忘不了，城破之后，秘阁的滔天大火无情地吞噬着那八万卷文化宝藏，吞噬着数百个日日夜夜的心血；他也忘不了，眼见行路不便的老弱妇孺，被残忍屠戮，丢弃于荒草之中。

路途之上，他不知目睹了多少骨肉分离、戕害无辜的人间惨剧。

江陵陷落之时，有一名西魏的将领梁元晖，驱赶俘获之人向北入关。在这支俘虏队伍中，有一名姓刘的士大夫。这位刘姓士大夫曾经在“侯景之乱”中失去了家人，只剩下一个小儿子，视若珍宝，相依为命。这次被迫北迁，他独自带着只有几岁的小儿子，艰辛跋涉。一路上，他吃力地挑着扁担，一头是所剩不多的行李家当，一头是自己的爱子，体力渐渐不支。一行数月，此时已经进入冬季，荒原上下了几场大雪，冰寒彻骨，道路上时而泥泞不堪，时而滑不留脚。刘姓士大夫时刻小心脚下，又要照顾小儿，渐渐地越走越慢，落在队伍后面。梁元晖见了这种情形，逼着他丢弃掉自己的孩子。身为父亲，刘姓士大夫怎能舍得？于是苦苦哀求，甚至不惜以死相胁。梁元晖实在不耐烦，一把将孩子从他怀里夺过来，狠狠地摔在地上，令左右的士兵将其乱棍打死。可怜一个幼小纯真的生命，还没有来得及多看看这广大的世界，就此魂飞冥冥。

刘姓士大夫被士兵押解着继续北行，他眼见爱子惨死，肝胆欲摧，捶胸痛哭。尽管被强行拖走，他却一直扭回头去，直到看着儿子小小的尸体模糊在风雪里，消失在视野之中。儿子死去，他也生无可恋，每日以泪洗面，粒米不进，形容枯槁灰败，不过几日之后，便忧伤过度而死，与爱子一同葬尸在这茫茫雪原之上。从此以后，梁元晖每天晚上一合眼，就见到刘姓士大夫披头散发、神色狰狞，不停向他索要自己的小儿子，结果被吓得一病不起，天天忏悔祷告，也无济于事，刚刚回到西魏家中，便一命呜呼了。

这段人间惨剧被颜之推后来写进了《冤魂志》之中。身经两次战乱，家人离散，昨日在朝为官，今日下场凄惨。与刘姓士大夫相似的遭遇，使得颜之推深切同情的同时，也不禁有兔死狐悲之感。

乱世之下，民如刍狗，不论身份高低，不论是士大夫还是平民百姓，都是苦苦挣扎，朝不保夕。然而，就是这一段段苦难，使得年轻的颜之推看透了世间沧桑，更加珍惜能够活下去的机会。颜之推从小在祖父颜见远壮烈殉国和父亲颜协拒不出仕的故事中长大，从小就被教育做人一定要有气节，忠勇不屈。然而，战火之中，他的思想在悄然发生着变化：如果就此身死殉国，那么家人怎么办？族人怎么办？颜氏如果就此一蹶不振、人丁离散，势必让家族蒙羞，自己纵然身死，又有何面目去见列祖列宗？

于是，为了保全家族，颜之推违背了自己一向的信念，选择了苟全性命于乱世。他佝偻着身子，拄着拐杖，一步一瘸地走着。每一个脚步都是那么沉重，和拐杖一起，在泥泞的地上留下了深深的印记，就像他心中深深的痛苦。

## 再遇贵人

一路坎坷辗转，百万被迫迁徙的梁朝子民，只有小部分活了下来，最终抵达北方。

俗话说，吉人自有天相。被侯景乱军俘虏时，王则的出现把颜之推从鬼门关拉了回来。而这一次，颜之推又幸运地遇见了一位贵人。

裹挟着颜之推所在的梁民队伍的，是大将李穆所带领的大军。李穆是西汉骑都尉李陵的后代，骁勇善战，在北魏时曾追随宇文泰起义，为西魏开国大将，有拥立社稷之功。当初围攻江陵城，就有李穆的一份功劳。再说李穆，胜利班师回朝，一路上，他对自己的军队押解的梁国人中的士大夫也有了更多的了解，他就是此时认识了颜之推。得知颜之推文采斐然，曾担任校勘经史的工作，李穆肃然起敬，造饭歇息之时，偶尔便会过来，和颜之推攀谈几句。渐渐地，李穆被颜之推的博学和见识所折服，越来越欣赏这个年轻人了。于是，回到西魏之后，便修书一封，将颜之推推荐给了镇守弘农的哥哥——大将军李远。

这封荐书在当时相当难得，因为李远在西魏也是声名煊赫的人物。

李远，阳平郡开国公，西魏的大都督。他从小就立志做一位将军。有一次，小李远和一群孩童玩耍，他指挥这些孩童两军对垒，互相征战，并摆出了一些阵法。这时郡守路过，看见一个小小孩童居然懂得布阵用兵之道，大为惊奇，便要求李远再“打一仗”。这时一些孩童已经注意力分散，想玩别的游戏了，结果遭到李远的严厉呵斥，重整“军容”，打得有声有色。郡守事后对人赞叹道：“这个小孩子了不得，长大后一定能成为将军。”果然，李远长大后，领兵征战四方，骁勇善战，足智多谋，多次立下赫赫战功，被誉为“西魏十二大将军”之一，连皇帝都称赞他为自己的左膀右臂。

李远对于弟弟特别修书推荐的人非常重视，也有些好奇：是什么样的俘虏能得到弟弟的青眼？他命人将颜之推带进帐来，见这个梁人很年轻，还不到三十岁，面容清俊，不卑不亢，虽然穿的是一身旧袍子，但却整洁利落，行为举止也是彬彬有礼，落落大方，心下便有些欣赏，让颜之推在帐中客位坐下。

一番攀谈过后，李远得知颜之推的几番落难，心下也有同情。说到“侯景之乱”时，颜之推认为“侯景之乱”的根源，在于梁武帝萧衍的昏庸，不听从逆耳忠言，一意孤行，以致犯下大错。听到这里，李远大为惊异，因为古代社会从来都是皇权至上，很少有人敢说皇帝的不是，何况萧衍这样也曾拥有雄才大略的开国皇帝？他所见的梁人，提起“侯景之乱”，都是指侯景为乱臣贼子，对之破口大骂，还从未有人像颜之推这样，能够理智地分析，不惧皇家权威。

之后的交谈，带给了李远更多的惊奇。他发现颜之推遇事往往都能提出自己独到的见解，不从流俗，而且学富五车，是一个难得的人才。因此，他毫不犹豫，按照弟弟李穆在书信中的建议，任命颜之推职掌书翰一职，为自己处理文书诏令。

于是非常幸运，颜之推免于沦为奴婢的命运，算是暂时在西魏站住了脚，并受到权贵人物的赏识，能有官职可做，并安定下来。然而，当一个消息传来，他本已静如止水的心，又刹那沸腾起来！

## 夜渡砥柱

梁元帝承圣三年（554年）十一月，江陵城破，元帝身亡。梁朝大将王僧辩与陈霸先知道大势已去，果断后撤，率领残部退守建康。为了稳定大局，他们于第二年拥立元帝的儿子、晋安王萧方智为皇帝。

之前提到，“侯景之乱”后，东魏和西魏都趁机侵占梁朝的国土，占了很大的便宜。而这次西魏乱梁，原来的东魏、此时的北齐也偷偷伸出了手，浑水摸鱼，把整个长江下游和北岸纳入自己的领土。

这里要提一句，东魏怎么变成了北齐呢？原来，和父亲一样把持朝政的高澄，运用手段，挑拨梁帝和侯景的关系，成功挑起了梁国战乱，有了削弱梁国、铲除侯景的好机会。高澄正得意扬扬地等着坐收渔翁之利，却没有想到被自己的家奴兰京刺杀了。兰京本是梁朝猛将兰钦之子，随父从军。与东魏交战时，兰京被敌方俘获，送入高澄府上，沦为奴隶。高澄对他时常打骂凌辱，不许他探亲，也不许他赎身。兰京怀恨在心，趁送饭之机，掏出了事先藏好的尖刀。高澄吓得面无人色，屁滚尿流手脚并用地逃到了床下，最终被兰京将床掀开，乱刀刺死。

高澄死后，丞相之位就落到了他的弟弟高洋头上。高洋这个人野心勃勃，富于智谋，不过其人的相貌却是有些丑陋，他平时又善于掩饰锋芒，结果朝中没有人认为他是一个威胁。没想到，高洋手握大权不久，就以迅雷不及掩耳之势，废掉本已成为傀儡的孝静帝，自立为帝，国号北齐。高洋打了所有人一个措手不及，又以强势打压，很快便顺利掌管了朝政，但也面临着东魏遗留下来的问题，比如：如何处理俘虏过来的武帝的侄子、曾写信给叔叔劝和的梁朝贞阳侯萧渊明？

此时梁朝的国土已经缩小得可怜，国土不断被蚕食，农业与商业不断遭到战火破坏，整个国家如同风中之烛，风雨飘摇，岌岌可危。于是，高洋有萧渊明在手，便打起了主意，希望通过他，趁梁国势弱，谋求长远的利益。

萧方智继位后一个月，北齐便派遣上党王高涣，率兵数万，护送贞阳侯萧渊明回国取代敬帝继位。同时，为了表示自己的诚意，高洋下旨，以礼相待，好生护送身在北齐的梁臣士大夫回国。于是，包括当初滞留在北齐的梁朝使者建康令谢挺、散骑常侍徐陵在内，因为战乱或滞留或流亡到北齐来的士大夫们，顿如拨云见日，对北齐心存感激，纷纷南渡，返回家园。

西魏恭帝三年（556年）初，实际掌握西魏政权的权臣宇文泰去世，他的嫡长子宇文觉承袭父位，露出了锋利的爪牙，攫取了西魏的政权，建立北周。

此刻的颜之推正身在弘农的李远官署，手中拿着一页纸，抑制不住地颤抖，热泪纵横。

北齐礼遇遣返梁臣的消息传到了北周。弘农本就是北周与北齐接壤的要塞，消息相对比较灵通，又因颜之推负责处理往来的文书公务，所以他得到消息也比较早。这一刻，颜之推的心活了。虽然在北周安顿了下来，先后受到李穆和李远两兄弟的赏识和照拂，但他终究是南方人，是战败的俘虏，是原本被迁徙过来的奴婢，再加上南北风俗习惯的不同，颜之推始终感觉自己被疏远、排挤，与北方的官员格格不入。不知多少个夜晚，他辗转反侧，思念故国。现在，终于有了机会！

这一日，颜之推早早便回了家，一进门，便急急将妻子殷氏和儿子颜思鲁叫到房中，并吩咐他们将房门关紧。殷氏见状，不知出了什么事，不禁紧张起来，关好了门，便把探询的目光投向丈夫。

颜之推道："你们不要紧张，我今天听到了一个好消息！哈哈！"

殷氏闻言，松了一口气，又十分好奇，因为颜之推已经很久没有这样开怀大笑了，不知是什么样的好消息让他如此高兴。

"我们有望回到梁国了！"

"真的？！"

殷氏喜出望外，不禁低声啜泣。国家丧乱，四处漂泊，她一直悉心照顾颜之推，相夫教子，操持柴米油盐，尽管受了许多苦，也以女性的坚韧咬牙挺了过来，人前极少落泪。这一刻，她却哭了。要回家了？要回家了！

然而北周不同于北齐，颜之推的俘虏身份还是比较敏感的，他没有勇气也没有资格向李远提出辞职转而投奔他国。于是全家人商议了一晚，天明时分，终于做出了决定。

"虽然此举太过形势险要，稍有不慎便有性命之虞，但这是回到故土的唯一机会，我定要一试！你们……"颜之推看向妻子和儿子。

"我们全家人，生死与共！"殷氏斩钉截铁地回答。小思鲁因为年幼，对父母的话还有些懵懂，但听见母亲这样说，揉揉惺忪的睡眼，也使劲地点起头来。看着妻子坚定的目光和懂事乖巧的儿子，颜之推的一腔热血尽化作柔情，一家人紧紧相拥。

几日后的一个夜晚，天空中飘浮着一层淡淡的云，把一轮明月遮得朦朦胧胧，洒下淡淡的银辉。

午夜时分，正是最黑暗的时刻，到处都是静悄悄的。然而，紧邻弘农的黄河北岸，却传来了细碎的脚步声，几个黑影向着岸边走来。是谁在这个时候出行？

原来正是颜之推和他的家人。这几日，他一直马不停蹄，把手头的工作全部处理完毕，条理清楚，并暗中做好了离去的准备。颜之推自幼研习《周易》，对卜筮之道也有涉猎。临行之前，他还特意找来蓍草，占卜了一卦，卦象显示此行顺利，也便放心了些。

夜色中的黄河发出阵阵低咽，乌沉沉的水面，就像浓浓的墨，一艘船系在岸边，随浪轻轻起伏。一个戴着笠帽的艄公快步走过来，有些焦虑地对颜之推说："颜老爷，今日河水涨得厉害，水流比往日要急很多，我怕有什么危险，您看，要不要换个日子？"

"不！我意已决，就在今日。看天何忍亡我一家老小！"

夜色之下，殷氏抱着熟睡的思鲁走上前来，颜之推轻轻将她扶上船，安顿好行李，看了一眼生活了一年多的北周大地，转身上船，义无反顾。

颜之推的打算是先到北齐，再通过北齐的遣返政策，回转梁国。以他梁国俘虏的出身，又操着明显的南方口音，如果走陆路，势必要经过许多关卡，难免露了行迹。于是，他选择走水路。北齐在北周的东面，两国都紧临黄河。而西高东低的地势，使得黄河一路向东流淌，最终奔泻入海。因此，顺流而下，只要过了北周边境，再行进数百里路程，就离北齐的都城邺城不远了。

茫茫水面上，小船顺流而下。颜之推站在船头，河面的寒风吹打着他的衣袍，他的心也随着飞扬的衣袂，带着愉悦和期望飞到了遥远的南方。

突然，艄公大喊了起来："大家要注意了！一定要坐稳，前面就快到砥柱了！"颜之推闻言，心下一惊，连忙走到舱口坐下，扶紧了舱壁。

这砥柱是矗立在滚滚黄河中央激流中的一块巨石，与三门峡遥遥相对。相传是大禹治水所用的镇河石柱，也有传说是一位老艄公所化。传说很久很久以前，几条货船顺流而下，突然间天气乍变，狂风骤雨，三峡之内雾气蒸腾，看不清方向。带队的是一位老艄公，此时见了如此情况，纵身跳入浪涛之中，站在旋涡中间，手指前路，为货船导航。货船在老艄公的指引下，安全地离开了激流，顺利在下游靠岸。当船工们回头寻找老艄公时，却发现他已经变成了一块巨石，为过往船只指引着下游的方向。从这以后，也有人称这块巨石为"中流砥柱"。

常年在黄河上穿梭的艄公都很清楚，砥柱所在，凶险万分。砥柱立于激流中央，底部水流飞快，旋涡激荡。水浅的时候，巨石可以突出水面高达两丈，而涨水的时候，则更加危险，因为巨石此时就只露出一点儿尖端，如果稍不注意，就很容易触石而沉。砥柱矗立在这河道中央已经不知多少年头，它的雄奇伟峻，也成为一道独特的风景。百年后的唐代，太宗李世民瞻仰砥柱后，就写下了"仰临砥柱，北望龙门。茫茫禹迹，浩浩长春"的诗句，这首诗被魏徵刻于砥柱之上。著名的书法大家柳公权看过砥柱之后，也写下一首长诗，其中有这样几句："孤峰浮水面，一柱钉波心。顶住三门险，根连九曲深。柱天形突兀，逐浪素浮沉。"从这些传世诗句也可以看出砥柱的巍峨与位置的险要。

出发前，艄公已经对颜之推提出过警示。得知砥柱在前，颜之推的神情也凝重起来。他知道，现在黄河已经涨水，砥柱隐入波涛之中，一个不慎，就将船毁人亡！

夜色沉重，船只终于驶入三门峡。两岸的峡谷在夜色中看不清楚，只觉岩黑如铁，高耸入云，像两堵厚重的墙壁，又像狰狞的兽脊，压得人喘不过气来。进入峡谷，水流明显加快，小船像一支快箭向前飞去，不时便会遇到旋涡急流，颠簸剧烈。颜之推紧紧握着妻子的手，面色微白，眼神却是无比明亮、坚定。

也许只是一瞬，又像过了很久，艄公终于高兴地大喊："我们绕过砥柱了！马上就要出峡了！"颜之推心头一松，看着妻子，两人眼里都是喜悦的泪花。颜之推的心里涌出豪情万丈：砥柱之险平安而过，天不亡我啊！快了！快了！故国啊，我就要回来了！

小船一路顺流而下，承载着颜之推的热切与梦想，穿过了荡荡水流，穿过了漫漫长夜……

此后的一生，颜之推时常回想起这惊心动魄的一夜。在他的回忆录《观我生赋》中，他用雅致而又饱含深情的文字，记录下了曾经的壮志与艰险：

返季子之观乐，释钟仪之鼓琴。

窃闻风而清耳，倾见日之归心。

试拂蓍以贞筮，遇交泰之吉林。

譬欲秦而更楚，假南路于东寻。

乘龙门之一曲，历砥柱之双岑。

冰夷风薄而雷响，阳侯山载而谷沉。

侔挈龟以凭浚，类斩蛟而赴深。

昏扬舲于分陕，曙结缆于河阴。

追风飙之逸气，从忠信以行吟！

一路漂流，不知过了多久，东方露出了鱼肚白，隐隐传来公鸡报晓的声音。颜之推走出舱外，正值艄公转过头来，笑着对他说："我们到了！"

到了！到了！终于到北齐了！

船甫一靠岸，就有几名配刀的巡河士兵走了过来，询问他们的来处和去处。双脚踏上了坚实的土地，颜之推不免有一种恍如隔世之感，而更多的则是兴奋和激动。

一夜水路七百里，归心似箭寻南归！

然而，造化弄人，命运又和颜之推开了一个玩笑。

## 留滞北国

从北齐准备将在寒山之役中俘获的贞阳侯萧渊明送回的时候起，梁朝内部就分成了壁垒分明的两派，针锋相对，形势渐渐变得紧张起来。这两派的代表人物分别是陈霸先和王僧辩。

北齐虽然主动送回贞阳侯，然而背后的用心却着实有些阴险与霸道。北齐的条件很清楚，他们是要送萧渊明回来当皇帝的。而梁朝现在已经有了一个小皇帝，怎么办？自然，小皇帝要让位给萧渊明，然后降一级成为皇太子。而在北齐生活了一段时间，又被北齐送回国登基的萧渊明将成为北齐的一个傀儡。届时，梁国名义上复国独立，实质上将成为北齐的附庸。

梁朝的大臣们早就看出了这一点，犹豫不决。然而北齐一方面张罗着礼遇、遣返流落在北方的梁朝士大夫，一方面居然发兵占领梁国东关，进行武力威胁。胡萝卜加大棒之下，以王僧辩为首的一些大臣怕了。王僧辩战战兢兢之下，马上回复北齐，同意迎接萧渊明回国继承大统。梁元帝承圣四年（555年）五月，萧渊明在北齐上党王高涣的护送下，渡江南下，回到梁国做了皇帝。而年仅十三岁的小皇帝萧方智，刚刚懵懵懂懂地当了几个月的天子，便被赶下了屁股都没来得及坐热的宝座，成为皇太子。北齐的使者高傲地扬着头离开了，仿佛梁国已经成了他们的囊中之物。

一切都在按着人们原本的预料进行着。

然而朝中有人并不甘心，奋起抗争。这个人就是陈霸先。

与身为将门之后的王僧辩不同，陈霸先只是出身于贫苦的底层家庭，没有显赫的家世背景，没有唾手可得的人脉资源，一切只能靠自己的打拼。他从小就怀着长大成为一名将军的梦想，一点一点地向上爬着，他做过村官，甚至一度在建康做过管粮油库的小吏。然而命运终究不会淹没英才，新喻侯萧映的出现，改变了他的一生。萧映是梁武帝的侄子，结识陈霸先后，惊异于他的见地与谋略，也欣赏他直率勇武、粗中有细的性子，着力提拔。萧映为陈霸先打开了一扇门，门后是一片广阔的世界。陈霸先有了一逞抱负的平台，尽展他的领军天赋，通过一次又一次突出的战功，节节高升，终于实现了他一直以来的梦想，成为梁朝的大将。

生活的磨砺使得陈霸先比王僧辩在性格中更多了一些坚忍和果敢。

因此，眼见梁朝在王僧辩和萧渊明的手中，竟然沦为了别国的傀儡和附庸，他的心里腾起了熊熊的怒火。陈霸先数次找王僧辩理论，王僧辩都不听。于是，他的愤怒到达了顶点，忍无可忍，无须再忍！

承圣四年（555年）末，陈霸先联合同样心有不忿之意的军中将领，悍然起兵，诛杀王僧辩父子，逼迫萧渊明退位，复立晋安王萧方智，是为梁敬帝。

陈霸先打了王僧辩一个措手不及，等王僧辩的亲属与亲信缓过神儿来，已是尘埃落定。不久，以王僧辩的弟弟、吴郡太守王僧智和吴兴太守杜龛、义兴太守韦载为首的王僧辩一脉起兵反抗，波及几乎整个江南地区，声势浩大。陈霸先没有办法，只得发兵回击，四处讨伐。

这一战就是一年。

而此时，身在北国的颜之推还不知道梁国已经发生如此剧变，成功抵达北齐的他，踌躇满志，就等着回到故土，一展宏图！

然而，所有的期待瞬间成了泡影。当他来到邺城，面见北齐文宣帝高洋，得知梁国内乱，萧渊明被废，遣返活动中止，陈霸先平乱后已然建立陈国，立时如五雷轰顶，呆立半晌，不知如何言语。

高洋见颜之推受了这么大的打击，也不禁心下恻然，好言安抚了他几句之后，便询问起他的经历。颜之推慢慢从震惊之中缓过神来，面对着北齐皇帝的垂问，不敢怠慢，遂整理思绪，侃侃而谈。高洋见颜之推虽然年纪轻轻，但举止雍容有度，言谈雅致，引经据典，妙语连珠，不禁起了爱才之意。

话说北齐的前身东魏，乃是鲜卑出身的游牧民族所建立，向来重武轻文。高洋执掌政权之后，很清楚自己的国家在这一方面的短处，所以很重视儒学和文教，求贤若渴。因此，颜之推的博学与见识马上便得到了高洋的赏识。在得知颜之推携妻子夜渡砥柱、历经艰险的壮义之举后，高洋更是大为动容，对颜之推赞叹不已，并恳切地招揽他入朝为官。已无家国可归的颜之推思忖再三，终于答应。高洋大喜，随即便让颜之推“奉朝请”。

奉朝请沿袭自春秋时期，各国诸侯如果是春季去朝见周天子，就被称为“朝”，如果是秋季去朝见就被称为“请”。到了南北朝时期，奉朝请实际上是一种地位较高的文职散官，可以有参加朝会的权利。

文宣帝高洋亲自吩咐，将颜之推和家人安顿在专门接待外来使臣的“内馆”之中，平日都在宫中，除了参加每日的朝会，就是侍从在文宣帝的左右。一时间，朝中都知道有梁人颜之推受到皇帝的青睐和重用，甚至成为皇帝的亲随，形影不离。

北齐文宣帝天保九年（558年），文宣帝曾经巡幸天池，颜之推随从，一路上言谈甚欢，深为相得。文宣帝有心提拔颜之推，于是有一天，便在营帐中写了一道诏书，任命颜之推为中书舍人。

中书舍人是自秦朝起就设立的官职，专门负责为皇帝草拟并颁传诏书，直接接触国家机要，是非常重要的职位。文宣帝写好诏书，加盖了印信，便命令中书郎段孝信去颁旨。段孝信在营帐中没有找到颜之推，便在四周一转，结果看到颜之推正在不远处的空地上，倚靠在树下，衣袍的襟口散开来，一手支地，一手拿着酒壶，眯着眼，仰头将酒直倒入口中。段孝信见了颜之推放浪不羁的这副情态，想了想，便没有过去，而是径直回转到皇帐中，向文宣帝禀报颜之推的所作所为。文宣帝一听，就皱起了眉头。

胡人治国，再如何接受汉族文化，毕竟存在着巨大的隔膜。文宣帝自己就一向看不惯南方人所谓的“不拘一格”“名士风流”，听说颜之推居然也如此行事，便存了些反感。于是，文宣帝让段孝信把诏书放回到桌案上，叹了口气说：“这封赏，就先算了吧。”随即就令左右服侍就寝，诏书一事，再也不提。颜之推怎么也没有想到，因为自己少年时追赶时尚潮流养成的习惯没有完全克服，一时不经意显露了出来，竟使得自己错失一次绝佳的升迁机会。

## 风雨文林

当时，投靠北齐的南国士大夫不只有颜之推一个，颜之推在北齐站住脚后，就与不少南方过来的士大夫有了交集。这些士大夫都是文人，风流优雅，脾胃相投，经常聚会，追忆南国旧事，感怀自己的身世。酒席中时常有人默默垂泪，难抑悲伤。

故国只能午夜梦回，然而在北国，他们也并不开心。

人在异乡为异客，北齐的统治者尽管也关注汉文化，对人才的任用也是胡汉皆有，不拘一格，但胡人和胡文化还是居于上风的。习惯了用武力解决问题的鲜卑贵族们汉文化水平普遍不高，在他们眼里，汉族文士都是舞文弄墨弱不禁风之徒，并不放在眼里。再加上这些士大夫中，有一些是家国遭难，或留滞或逃亡到北齐来的，风俗习惯、行为举止也与北齐的胡风迥异，他们被朝中的保守派和顽固派加以冷眼排斥打压也是常有之事。

对汉族士大夫轻视凌辱的事屡见不鲜，就连胡汉并重的文宣帝也是一样。《北史》中就记载了杨愔（yīn）受辱的故事。

杨愔是弘农华阴（今陕西华阴地区）人，父亲是北魏的司空杨津。杨愔自幼聪慧，六岁便学史书，十一岁学《周易》，成年后丰神俊秀，也是著名的才子，年仅十八岁就做了散骑侍郎。不料少年得意之时，横祸突至，弘农杨氏家族被人诬告谋反，举族被灭，杨愔因有事外出，幸免于难。他在外地得知家门惨祸，委地痛哭。绝望之下，杨愔不敢再留在北魏，旋即风尘仆仆，投奔北齐，得到了高欢的赏识，委以重任，并把自己的庶出女儿许配给他。到了文宣帝的时代，杨愔更是担任太子少傅，迎娶太原长公主，负宰辅之责，地位崇高。从辈分上论，他可以说是文宣帝高洋的长辈。然而即使这样，也因为其汉族士人出身，没有得到高洋应有的尊重。文宣帝晚年时，看见大腹便便的杨愔，经常戏称他为“杨大肚”，出恭的时候，让杨愔给他递厕纸，有时随便找个缘由，就抡起马鞭，将杨愔的后背打得血肉模糊。甚至有一次，文宣帝看着杨愔的大肚子，竟一时兴起，操起一把小刀要剖开杨愔的肚子看看里面有什么，幸亏崔季舒在旁，连忙轻描淡写间拿走了刀子，将这次危机一语带过。还有一次，文宣帝将杨愔塞进一口棺材里，不顾他的哭叫哀求，合上盖子，抡起锤子，几次要砸下去把棺材钉死，幸而最终还是作罢。

由此可见，位高权重如宰辅杨愔，也逃不脱被凌辱捉弄的命运，就更不要提其他汉族士大夫的处境了。在这种情况下，汉族士大夫们都战战兢兢，谨小慎微。其中一些人为了改善自己和家人的境遇，融入主流社会，提高社会地位，便开始学习鲜卑族的语言和礼乐习俗，穿戴、口音、举止都越来越向着鲜卑人靠拢。其中一些人还通过这种手段交好鲜卑权贵，以谋取利益。颜之推眼见这些人的变化，对这种谄媚奴颜的行为极为不齿，并记载于家训之中。

《颜氏家训》的《教子》一篇中，就记载了这样一件事：一名南朝过来的士大夫曾经有一次对颜之推炫耀，说他年方十七岁的儿子已经通晓了很多典籍，而且聪颖异常。他请人来教导自己的儿子学习鲜卑语和琵琶，一点就通。这位士大夫沾沾自喜地说："凭着我儿子的这些本事，去服侍朝中的贵人，一定得手！这可是对他和家族的前途很重要的事呢。"

颜之推闻言，心下叹息，闭口不答，回家后，喟然长叹道："这个人教育子女的方式真是奇怪啊！如果是我，即使能够通过这种邀宠献媚的机巧途径得到高官显位，哪怕是位列卿相，我也不愿！"

颜之推胸中自有气节，然而，他也不是拿着鸡蛋碰石头的莽夫，身在北齐政局之中，他也在寻找自己的方法去适应这个社会。

一方面，他非常关注北方的文化习俗，将平日所闻所见与南方的文化习俗一一比较，并考证这种差异形成的历史渊源。他尤其对南北口音和表达方式的差异颇感兴趣，仔细研究，并经常发起研讨会，与后来共事文林馆的同僚们切磋讨论，在音韵学方面打下了扎实的功底，取得了一些成就。后来入北周后，陆法言写《切韵》一书，就受到了颜之推主持的研讨会很多的启发。而颜之推把自己南北比较的成果和音韵学的心得写进了《颜氏家训》，流传于后世，对颜氏子孙产生了很大的影响，诸多颜氏后人都以此为基础，研习音韵训诂，甚至以此闻名。

另一方面，颜之推在士大夫群体中非常注重结交志同道合的人，发展同盟，互相守望相助，并通过各种途径增强汉族士大夫的力量。

很快，颜之推就有了一个好机会。

北齐武成帝河清四年（565年）春，太子高纬接受武成帝禅位，是为齐后主。高纬倒是一个附庸风雅之人，喜好措辞华丽的诗词歌咏、古人辞赋以及各种列传故事，因此，他对汉族士大夫不那么排斥，反而对合他胃口的士大夫青睐有加。此时，颜之推正在赵州，担任功曹参军。高纬听说颜之推素有文名，便将他征调回邺城。

这次回到邺城，颜之推遇到了祖珽。

祖珽，范阳人，他的父亲非常有名，就是《三字经》中“莹八岁，能咏诗”的祖莹。祖珽受到父亲的熏陶，于诗文方面也有一定的造诣。北齐天统元年（565年），后主高纬召他入宫，为屏风上的画配上各种华辞美章，从此得到重用。祖珽此人善于钻营，他像鲜卑人一样用胡桃油作画，擅弹琵琶，赏胡舞，以此结交了不少朝中显贵，仕途也跟着一路通达，从文人侍中被提拔为左仆射，在主管全国机要的尚书台做事，任辅政之责，风光无限。

尽管祖珽的行事属于为颜之推所不齿的士大夫一流，他本人对颜之推却非常欣赏。颜之推抓住这个机会，与同为汉族士大夫的萧放一起，一面四处活动，托交好的天子近臣不停地在高纬面前旁敲侧击，游说他重视文学之事，一面同时游说祖珽。终于，经过一段时间的酝酿，时机成熟。北齐武平三年（572年），祖珽、颜之推、邓长颙等上书，请设文林馆，后主准奏，水到渠成。

文林馆，其性质类似于唐代以后的翰林院。它的设立，在当时不仅是文化上的一件大事，也有其重大的政治意义。文林馆成立后，设三十余名待诏，颜之推在其中担任组织者和管理者的角色。文林馆成立之初，颜之推便表示出不招录鲜卑贵族以及鲜卑化的汉族士大夫的意图，因此，成立初期的三十余名待诏，清一色都是年轻而有风骨的汉族士人。后来，文林馆的规模不断扩大，吸纳为待诏的文士多达五十余人。这五十多个待诏中，包括了崔季舒、王劭、薛道衡、卢思道、陆开明等几乎北齐的所有名士。文林馆俨然成为汉族士人与鲜卑和鲜卑化贵族朝臣分庭抗礼的前沿阵地。

文林馆的职责主要是处理朝廷来往文书，并整理典籍类书，颜之推就曾主持编写了“修文殿御览”和“续文章流别”等大型丛书，为文化事业做出了突出的贡献。

进入文林馆主事后，颜之推的仕途也是一帆风顺，不久被任命为司徒录事参军，在公文写作和文书判署上展露出非一般的才华，更加得到祖珽的重视，提拔他为散骑常侍，领中书舍人。

应该属于颜之推的，终归没有跑掉。当初因为营外饮酒而失去了升任中书舍人机会的颜之推，兜兜转转之下，终于得到了这个位置，他的心里也是五味杂陈。中书舍人是机要之职，负责草拟和颁发皇帝的诏书，传递百官奏折，可以说是皇帝的心腹之臣。颜之推任中书舍人后，便时常出入宫中，皇帝有了什么旨意，就会通知他，由他草就旨意颁发，而每日百官一旦有所奏，也要经过他的手过滤一遍，然后封署，送交大内。

渐渐地，朝堂之上都知道颜之推聪敏能干，得到重用，是政坛冉冉升起的一颗新星。然而，这还不是颜之推在仕途上攀升的顶点，不久，他又被任命为黄门侍郎，贴身侍从皇帝左右。这已属于文职散官的高位了。

不论身处何位，颜之推始终最喜爱的还是文林馆的工作。在文林馆内，汉族士大夫们非常团结，且志趣相同，经常就学术问题以及诗词歌赋等进行切磋与讨论，颜之推乐在其中，仿佛又回到了元帝时“平日秘阁理典籍，闲时酬唱咏梧桐”的日子。

然而，文林馆的日子不总是如此风和日丽，很快便迎来了狂风骤雨。

从文林馆定下只招录汉族士大夫这一不成文的规定开始，就招来了本来就对汉人心存反感的鲜卑族和鲜卑化贵族的嫉恨与打压。平静的背后，猛虎已经开始露出了锋利的爪牙。

北齐武平四年（573年），以穆提婆、韩长鸾和高阿那肱这北齐“三贵”为首的鲜卑贵族，集中火力攻击构陷祖珽，终于将祖珽远远赶去了徐州，贬为刺史。祖珽一去，文林馆顿时失去了强大的后盾和保护伞，赤裸裸地暴露在狰狞的爪牙面前。

十月，漳河冰冷的河水中，漂浮着六具身着囚衣的尸体，尸体被寒冷的河水一泡，肿胀而青白，尸体脖颈上的丝丝血水一经渗出，便马上被河水带走，渐渐地，再也没有血色出现了。岸边有兵士在此把守，百姓见了这幅场景，骇得紧闭门户，大气也不敢出。

《北齐书》记载，武平四年冬，北齐南部遭到入侵，寿春被围，而此时，后主高纬整顿车驾，要往西北方向的晋阳去，这引起了一些士大夫的反对。黄门侍郎崔季舒联合张雕、刘逖、封孝琰、裴泽和郭遵，六人联名上书，认为后主北去实为不妥，南方百姓本已处于惊恐之下，如果听说王驾北去，会以为皇帝怕了，会更加人心惶惶。随驾的权臣韩长鸾马上抓住这个机会，向皇帝进言道："这些汉官集结在一起，违背您的意思，不让您去晋阳，在我看来，他们一定有谋反之心！"高纬听信了韩长鸾的话，命人按照联名谏书索拿所有署名之人。于是，崔季舒等六人被抓，旋即斩首，被韩长鸾弃尸于漳水。

颜之推也差一点儿被卷进这场血雨腥风之中。后主欲北去之时，崔季舒大感忧虑，连夜召集士大夫商议联名上书之事，颜之推也在被邀之列。然而颜之推知道朝廷形势严峻，胡汉对立越来越严重，鲜卑势力已经占了上风。而祖珽这棵大树一倒，汉人一方更是危如累卵。一念及此，颜之推决定不冒险参与此事，便借口家中突有要事，离开了密议之地。

果然，他的忧虑成为现实。身为文林馆之首，颜之推早就成为鲜卑贵族一方的眼中钉、肉中刺，出了联名进谏天子震怒之事，韩长鸾大喜之下便想借机清洗，筛选嫌疑人的时候，把颜之推也传唤了过去。幸而颜之推抽身及时，署名里没有他的名字，韩长鸾没有了借口，只得将他放回，由此逃过了杀身之祸。

这次被杀的六人之中，就有四人供职于文林馆。此事之后，汉族士大夫一方受到了沉重的打击，再不敢强出头，在朝堂上战战兢兢，如履薄冰。

颜之推侥幸没有牵涉进这桩"谋反"大案，再加上一向小心谨慎，仕途还算平稳。北齐武平六年（575年），北齐国内政治混乱，小人当权，横征暴敛，又兼旱灾和蝗灾，生民困顿，流离失所。而此时国库空虚，周转不灵，皇帝也想不出什么好办法。这时颜之推上表，建议"请立关市邸店之税"。这"关市邸店之税"就是对关市、舟车、山泽、盐铁、店铺等行业征收轻重不一的赋税，因为这些行业受天灾冲击较小，富人也比较多。从本质上来讲，这一举措就是缩小贫富差距，征富济贫。这个建议一提出来，得到了很多大臣的附议，后主也非常高兴颜之推为他解决了这个大难题，对他大加赞赏。

然而颜之推的这一举措未等施行，北齐便陡遭大变。

## 后主之殇

俗话说得好：屋漏偏逢连夜雨，船迟又遇打头风。北齐朝政混乱，民不聊生，对于虎视眈眈了许久的北周来说，正是可乘之机。就在后主为缺粮少钱发愁、颜之推献上良策之后不久，北周便挥师来犯了。

时值八月，正是一年中最炎热的时候，火辣辣的太阳一烤，呼吸之间，人的嗓子就像着了火一样干得冒烟。然而，夏风尽管灼热，却远远比不上洛城的通天大火。

北周铁蹄一路挥师，进入洛川，屯兵于芒山，围攻洛城。两军对战之际，北周使计，纵火船焚毁所有浮桥，火光熊熊，染红了半边天空。

北齐国库空虚，粮草补给不利，军心不稳，一退再退。第二年，北周军队就一路攻打到晋州了，晋州所在已然接近北齐腹心，形势无比危急。然而此时此刻，北齐高纬却没有在邺城坐镇。那么他现在在哪里呢?

草茵茵，马啾啾，此时的晋阳郊外隐隐可以听见马蹄的嘚嘚声和人们的吆喝声，还有不时响起银铃一样的笑声，甚至给人一种错觉:那不远的地方连天的战火只是一场幻境。

后主高纬正带着宠爱的冯淑妃“大狩祁连池”。

十月，晋州告急。十万火急的军情战报不停地被送往晋阳，然而都被右丞相高阿那肱拦下了。营地前，高阿那肱斜睨着满面风尘的几名送信人，鼻孔里哼了一声，道："皇帝现在正在狩猎，与大家同乐，心情好得很。我当是什么急事，也敢打扰皇上！你们回去吧，转告你们的上峰，不用出战！"几位信使牵着马，都怔住了，他们心急如焚而来求援，却没有想到会得到这样的答复。然而高阿那肱为鲜卑"三贵"之一，在朝中一向翻云覆雨，一手遮天，几名信使见他如此说，也没有办法，自知有他拦阻，定是见不到皇上了，只得上马回转复命。

日暮西沉，高纬在妃子的服侍下，带着狩猎后的兴奋和疲惫进入了香甜的梦乡。

当夜，平阳城失守。

当高纬醒来，听闻奏报，愣了一下，便打算回转晋阳。可是兴致未尽的冯淑妃不依，软磨硬泡着皇帝，想要再狩猎一天。高纬随即便将军情抛在脑后，又兴冲冲地狩猎去了。

当两个月后，北齐与北周在晋州城南大战，溃不成军之时，高纬才终于怕了。他命令安德王延宗等死守晋阳，自己仓皇返回邺城，同时在六神无主之下，开始盘算着应该向哪里逃命。

此时的北齐朝廷中枢乱成一团，为应该逃向哪里争执不休，而高纬这时候将武平七年改元为隆化元年，并禅位给年仅八岁的儿子高恒，自己做了太上皇。在古代，帝王改元的情况屡见不鲜，甚至有的皇帝在位时间不长，却改了好几个年号，让人目不暇接。改元往往发生在国家动荡、国主变动，或有其他喜事等时候，也有时皇帝"心意一动"，一句旨意就改了年号。但总的来讲，改元一般是为了求一个吉利，如果是动荡不安之时，就有点儿类似于民间“冲喜”的意味在里面了。

高纬改了元，却逆不了天。

在北齐生死危急的时刻，颜之推联合中书侍郎薛道衡与侍中陈德信等人向皇帝提出奔陈之策。他们劝皇上从吴地招募兵士，取路青州、徐州，向南投陈。当然，这里面也有颜之推的私心。他一直心心念念回到故国，即使梁朝已经被陈代替，依然是他的故土。如果跟随护送北齐皇帝南奔，正好顺理成章，回到家乡。

皇帝听了颜之推等人的建议深以为然，然而丞相高阿那肱又跳出来拦阻，说道：“吴人是不能相信的，非我族类，其心必异。”他劝皇帝先带着金银珠宝向南转移，不要妄动，看看局势，如果真的大势已去，再徐图后计。至于颜之推，则被任命为平原太守，镇守河津。就这样，北齐皇帝在犹豫不决中，在佞臣拦阻之下，坐失了逃走的良机。

事后人们才知道，高阿那肱早已叛变通敌。后主带着小皇帝和一大家子人动身前往青州之前，他便自请镇守济州。高阿那肱一面带领着北周军队一路南下追击而去，另一面又派人向后主报告：“没有发现周军的踪迹，您可以安心，不用急着赶路了。”很快，刚入青州城不久的后主和小皇帝就被追赶过来的周军俘获，押往长安。北齐的满朝文武也被命令随驾迁往长安，颜之推也在这大队伍中。

时隔多年，颜之推又一次兜兜转转回到北周。再一次站在北周的土地上，颜之推的心中唏嘘不已。想自己上一次离开的时候，是沉沉的黑夜，不过那时的胸中满是意气风发，满是滚滚黄河水也浇不熄的热切与期盼。

然而现在，虽然于朗朗白日下归来，却已三为亡国之人，心如冰雪。

颜之推的心里无比苦闷，对于自己一再漂泊、图存保命的决定也不禁产生了怀疑，内心的迷茫与矛盾使得他看不见自己的未来又会怎样。在《观我生赋》和《和阳纳言听鸣蝉篇》中，他这样写道："鸟焚林而铩翮，鱼夺水而暴鳞。嗟宇宙之辽旷，愧无所而容身。""红颜宿昔同春花，素鬓俄顷变秋草。中肠自有极，那堪教作转轮车。"从这些诗句中，可以看出颜之推的痛苦与彷徨。

## 终归平静

入周之后，原本出仕于北齐的文人士大夫纷纷投效北周，担任不同的文职。然而，颜之推并没有选择马上做官，他在痛苦中，对自己的人生开始反思。

从周武帝宣政元年（578年）到静帝大象二年（580年），整整三年的时间，颜之推选择闲散在家，专注于经史典籍。这段日子里，颜之推没有收入，只靠着积蓄勉强维持家庭，过着清贫朴素的生活。

《颜氏家训》的《勉学》一篇中，颜之推曾经记载：一天，长子颜思鲁按捺不住，对父亲说："我们家中现在没有人在朝廷做官，没有俸禄的收入，家里的积蓄已经不多了呀。现在每日我都是在研究经史，勤勉读书，然而这样终究填不饱肚子，看着家人困顿，不能心安。不如我去做些体力活，以补贴家用如何？"

颜之推闻言，放下手中的书和笔，语重心长地对儿子说："你要做的，就是要提高自己的修养，而我要做的，是作为一个父亲，用平生所学来教导你。如果你为了赚钱，荒废了学业，即使挣得了许多钱财，能够供给全家的衣食，我们就是吃美食也不会觉得香，穿好衣也不会觉得暖。如果你能遵循祖先的仁义之道，实践儒家典义，将颜氏的家业发扬光大，即使是让我吃糠咽菜，我也无怨无悔。”

听了父亲的话，颜思鲁大为触动，向父亲深施一礼，便毫不犹豫地返回房间，继续苦读。

周静帝大象二年，颜之推被朝廷征召为御史上士，重入仕途。第二年，丞相杨坚废周静帝，建立隋朝，是为隋文帝。

在隋朝，颜之推主要从事文化方面的工作。隋文帝开皇二年（582年），长安的一个百姓在地里挖出一枚秦朝时的铁制秤锤，上面有用铜铭刻的古文字，很少有人认识。恰巧颜之推对古文字颇有研究，文帝便下旨，命令颜之推将古文字翻译出来。

月是故乡明啊。从二十余岁起，颜之推颠沛流离，离家已经有数十年了。然而他的心中总是怀念起回不去的故国，想起再无缘得见的颜氏祖茔与故居。他给三个儿子分别取名为思鲁、慜楚和游秦，便寄托了他对祖上的追思、对梁朝的留恋以及身在北国的流浪之感。开皇二年，他有一次向皇上请奏改革朝廷礼乐，建议皇上参考梁国的礼乐和相关典籍，由此也可见他对故土的念念不忘。

同时，他对音韵学的兴趣不减，造诣更深，经常与陆法言等讨论研究。陆法言后来在著作《切韵》的序言中便对这种研究会有简单的描述。他写道：“开皇初年的时候，有一天，颜之推、刘臻、卢思道、薛道衡、李若、魏渊、萧该、辛德源等八人来到我的家中，我们一起欢宴，直到夜色渐浓，酒过三巡，开始讨论音韵。这些人中南北之人皆有，讨论起南、北方在音韵方面的异同，以及古今的演化及其缘由，都是兴致勃勃，时常有连珠妙语，发人深省。酒席间，我们便决定要把这些讨论的内容，选择精要，记录下来。对于内容的删选，基本是由颜之推和萧该所决定。”

之后，颜之推又与辛德源一起，校对重撰原北齐秘书监魏收所编的《魏书》，校正其中的错误，补足书中的疏漏。他又曾参与隋初历法的修订工作。总之，与文化相关的工作中，经常出现颜之推的身影。

这样的生活很适合他。

隋朝立国之后，社会安定，隋文帝开皇九年（589年）吞并陈国，结束了魏晋南北朝以来近四百年的分裂割据局面，统一了南北。

战火终于远离了颜之推，而此时，他的生命也快要走到尽头了。

隋文帝开皇十一年，芙蕖香气随着微风，顺着敞开的雕花木窗，轻轻卷入敦化坊颜氏府邸的书房。书案后的清瘦老者嘴角噙着微笑，轻轻搁下笔。清风卷起宣纸的一角，隐约可见“终制”两个字。

就在这一年，颜之推完成《颜氏家训》，在三个儿子和长孙师古的环绕下，安详辞世。

第三章

# 看后人　义烈儒风

前人栽下的树苗，经过不断呵护，终将长成荫庇后人的参天大树；前人开垦的田地，经过不断耕耘，终将成为生机勃勃的千里沃土。中国古代浓重的家族观念造就了一个个家族独特的性格与气质。翻开每个家族厚厚的族谱，总会有许多传奇和故事留给后人去品味，去瞻仰。

颜氏家族自颜回起，几经起伏，几经迁徙，经过了千年历史风尘的洗礼。然而，他们的儒雅传家、忠义为国却始终不变，顽强地传承了下来，留下了太多的故事，感染和激励着颜氏的后人，提醒他们不要忘记在自己血脉中延续的宝贵分子。时间的车轮缓缓向前转动，颜氏的后人们又将绘出怎样瑰丽的画卷？

## 第一节　大儒师古　青出于蓝

颜之推去世的那年，颜师古十一岁。

颜师古像

站在祖父的病榻之前，听着祖父临终前还殷殷嘱咐子孙要治学兴家，要丧葬从简，颜师古再也忍不住自己的悲伤，跪伏于地，泪流满面。

从自己记事时起，祖父颜之推就对自己疼爱有加，将自己留在身边，在礼仪、言谈、举止等方面谆谆教诲，对自己的学业也是亲自悉心教导，将自己领入学术的大门。如今祖父仙逝，自己一定要做到他的嘱托，努力读书，光大门楣！

泪眼模糊如泉涌，掷地亦有金石声。小师古在心中暗暗许下了誓言，而这誓言，直至他登临儒林之顶，也从未忘记。

## 大兴之世

颜师古是幸运的。他出生于隋文帝开皇初年（581年），隋朝建立，国家一统。过去四百年的纷争乱世，就如大浪淘沙，由分裂逐渐走向融合，最终自然而然地复归为一体。南北一统，社会开始变得安定。因此，颜师古是幸运的，他不用经历家国沦亡的摧心裂胆，不用目睹战火纷飞下生灵涂炭的惨剧，不用面临保存家族的痛苦抉择，这一切，他只能从祖父颜之推和父亲颜思鲁所回忆的“故事”中去感受。而他的幸运，也来自这个时代儒学的复苏与兴盛。这个时代的平静给了颜师古专心治学研究学问的机会，而这个时代也给了专擅儒学的颜师古一展拳脚的平台。因此，可以说，是这个时代造就了日后的颜师古。

那么，就说说这个时代。

儒家思想以孝悌为本，以仁义为核心，对己要修身，对内要齐家，对君要忠义。因此，强调入世与经世致用的儒家思想，不论是对于维系家族，还是对于维护统治，都有着积极的意义。这也就难怪西汉时的董仲舒提出“罢黜百家，独尊儒术”能够得到统治者高度的认可，从而使儒学推行天下。隋文帝杨坚对此也深以为然，立国之后，便十分注重人文教化，以文治国。

开皇初期，在秘书监做事的散骑常侍牛弘就上书文帝，道：“儒家经典从孔子时期流传到现在，几经厄难，终于艰难地保存下来。现在天下一统，盛世之下，很多战乱中幸存的典籍保存在宫中。然而，我浏览了这些书，缺失很多。很多奇书反而落在私人收藏家的手里。我认为朝廷应该集中这些典籍，将之从坊市私宅中购买过来。同时，对献书的人加以封赏，以资鼓励。”文帝采纳了牛弘的建议，颁下旨意求书于天下，并在诏书中写道：“献书一卷，赏绢一匹。”在这样的力度和感召下，一两年的时间，宫内的藏书阁就充实了不少，典籍基本完备了。

等到隋炀帝时期，更将儒学复兴落到实处。隋大业四年（608年）十月，炀帝曾颁下诏书：“先师尼父，圣德在躬，诞发天纵之资，宪章文、武之道。命世膺期，蕴兹素王，而颓山之叹，忽逾于千祀，盛德之美，不存于百代。永惟懿范，宜有优崇。可立孔子后为绍圣侯。有司求其苗裔，录以申上。”将孔子及其后人追捧到极高的位置。同时，炀帝甫一即位，便重开庠序国子学等培养儒生的各级学校，办学的质量与力度比开皇时期好了不少。同时，又征召远近的儒生到东都来，让他们相互讲经辩论，进行比赛，定出名次，杰出的人就有机会得到皇帝的赏识，入朝为官。

而到了唐代，统治者也对儒学大加推崇。唐太宗李世民就曾经说过，儒家的礼乐“可以安上治民，可以移风易俗，揖让而天下治者，其惟礼乐乎”。贞观年间，太宗数次巡视太学、国子学，参观之后，马上下旨命令增建学生宿舍一千二百间，这两处儒学最高学府的招生也是年年增长。就连军伍之中，太宗也派了博士（不是现在所说的学位，而是古代的一种官职，负责掌管典籍经史，教授学生）到军营中去，为将士普及经义。与唐朝交好的国家，如高丽、百济、新罗、吐蕃等，也纷纷派遣子弟到国子学学习。全盛时期，国子学内的学生竟多达八千余人，令人叹为观止。

唐太宗曾反复强调“以古为镜”，并组织人手编纂史书和类书。就是从唐代的类书编纂开始，图书典籍被明确划分为经、史、子、集四部，这一四部分类法从此固定下来，一直沿用至今。

## 以文入仕

由隋至唐，几代帝王都对儒学非常重视，自上而下大力推行。安定蓬勃的政治经济与学术风气，给文人儒生创造了更多读书治学并能够学以致用的环境。出生于隋初，成长于隋唐之际，在这大兴之世，颜师古凭借着才学一步一步走进国家中枢，发展文化事业，在史书上留下了浓重的一笔。

从小时候起，颜师古就在祖父和父亲的影响下，博览群书，心性和见识都超出一般的孩童。601年后，隋文帝仁寿年间，刚及弱冠的颜师古因为才华出众，得到尚书右丞李纲的赏识，被举荐为安养县的县尉，官居九品。安养县在今天的湖北省襄阳市樊城区，处于汉水的中游地带，此处乃中原腹地，对于军事和商业的发展都有着重要的意义。因此，坐落在此的襄阳城历来便是经济军事重镇，有“华夏第一城池”“自古兵家必争之地”的说法。安养县属于襄阳地界，受到襄阳城的带动，经济也比较发达。颜师古一个身体瘦弱的毛头小子，初入仕途，便要管理这样一个县，可以说起点是比较高了。

当时任尚书右仆射的杨素担心颜师古年纪轻轻，欠缺经验，恐怕到了任上不能服众，难有作为，便对他说：“安养这样一个重要的地方，你有把握把它治理好吗？”颜师古面对质疑，胸有成竹地回答：“杀鸡焉用牛刀！”

杨素惊异于他如此自信，便追问道：“那你认为县尉的职责都有哪些呢？”

颜师古答道：“身为一县的长官，一定要亲自处理大小事务，了然于心，了解自己辖下官吏的能力和职责范围，处理好土地、债务、婚姻、交易、盗贼等方方面面的事情，依据法律做出公正的判断，同时，对于徭役课税，也要格外用心。”从颜师古对于县尉职责详细的描述上，可以看出他已事先做好了充分的准备，明了自己将要做些什么。听了他的回答，杨素就不再说什么了。

果然，颜师古到任后，将安养治理得井井有条。

然而不久，他在任上出了一些事，被免了职。因为何事被免，史书并无记载，只知他回转长安之后，开始以教书为生。

直到大业十四年（618年）三月，隋炀帝被宇文化及所杀，太原留守李渊趁机起兵入关，攻入长安。李渊入关之时，颜思鲁带领着师古、相时、勤礼、育德四个儿子，举家出迎，谒见李渊于长春宫，师古被拜为朝散大夫，之后便追随在李渊左右。不久，颜思鲁被任命为仪同、秦王记室，颜师古任敦煌公府文学，父子二人都在李渊次子、敦煌公右领大都督、秦王李世民手下做事。

同年，李渊建立唐朝，颜师古终于得到重用，被任命为起居舍人，记录皇帝的日常行动与国家大事。不久被提拔为中书舍人。前文提到过，颜之推便曾做过中书舍人。中书舍人转掌国家机密，转达签署朝廷往来的制诰文书，非心腹之臣不能担任。颜师古继承了祖父的优良传统，于公文处理与写作方面颇有天赋，“达于政理，册奏之工，时无及者”。许多重要的诏书和文件都是出自他之手。

唐高祖武德九年（626年），秦王李世民羽翼丰满，发动“玄武门之变”，杀掉哥哥太子李建成和弟弟李元吉，迫使李渊禅位。太宗即位后，大力提拔昔日心腹，颜师古被封为中书侍郎，官至三品，总领中书省，职掌诏命。同时，他被封为琅邪县男。虽然县男只是最低一级的赐封爵位，官阶属于从五品，然而封爵的意义毕竟与封官不同，是光耀门庭的好事。颜师古被重用的同时，弟弟颜勤礼也从校书郎被擢升为轻车都尉，兼直秘书省。

## 舌战群儒

唐太宗贞观二年（628年），时任秘书监的魏徵向皇帝上奏，请修隋史，并举荐颜师古承担这一项重大任务。

其实，修史一事，七年前就曾落到颜师古的头上。其时，高祖李渊就动过修前代史书的念头，并曾颁下《修魏周隋梁齐陈史诏》，御笔提名由颜师古负责修隋史。从历史的角度来说，修订官方正史，不论是对当时的人，还是后世的人来说，都有重大的意义。因此，历代王朝都很注重史书的编纂，都会委任专人（例如起居舍人）记录下国家发生的大大小小的事情，以及君王的言谈举止。

一个朝代的史书，往往是由接替它的朝代所组织编纂。这样做一来是因为后世人可以用旁观者的眼光进行相对“客观”的叙述，二来也是因为距离最近的朝代可以对刚刚过去不久的事情记录得更为准确翔实，拥有更丰富的考证渠道。唐朝建立之后，高祖意识到南北朝时期的史书已经有不少，但比较零碎，需要整理，而唐以前北周、隋朝的历史却还都没有专门的著述，只是散见于一些书籍中，多有缺漏。因此，高祖便打算趁着时间没有过去多久，将前朝历史做一次全面的梳理。然而这项工作随着“玄武门之变”被搁浅了，如今魏徵重提，知晓修史重要性的太宗便欣然应允。

第二年，太宗又交给颜师古一个任务：考订“五经”。“五经”就是指《诗经》《尚书》《礼记》《周易》和《春秋》五种儒家经典。这在当时的社会是一件万众瞩目的大事，因为“五经”一旦经过官方刊定发行，势必成为天下儒生学习的范本，干系不可谓不大。所以，从古至今，每次对于儒家经典的考正，必然要由德高望重的饱学之士来完成。宋代朱熹作《四书章句集注》，被钦定为科举考试的标准教材，读书人人手一册，而渗透在字里行间的朱熹的理学思想，也便广泛传播开来，成为正统思想，后人再注“四书”，也必定要引用他的话。时至今日，朱熹的集注依然不朽，成为现代人研究“四书”的重要参考材料。由此可见，颜师古能够担当考订“五经”的重任，他的儒学素养一定是得到了广泛的认可，达到了很高的水平。

颜师古凭着自己丰厚的学养，用了几年的时间，完成了对“五经”的批注，交与太宗。太宗命令朝中的其他大儒一起参看，提出建议。在颜师古进行重新考订之前，“五经”已有流传已久的通行本，但是谬误很多。不过朝中的大儒很多就是读着这些存在谬误的典籍长大的，已经接受了错误的说法，习以为常。而颜师古考据严谨，更正了大量错漏，结果遭到了群儒指责。太宗很头痛，命房玄龄主持诸儒，重新审议。

金殿之上，颜师古侃侃而谈，引经据典，以晋、宋以来的古今各种“五经”版本作为依据，条分缕析，言必有据，最后群儒纷纷叹服，甘拜下风。

## 解字匡谬

颜师古舌战群儒之时，唐太宗在旁一直观战，对颜师古的表现称赞不已，龙心大悦之下，当场赐给他五百匹帛，将他升职为通直郎、散骑常侍。

唐太宗贞观六年（632年）十一月，太宗将颜师古考订的“五经”颁布于天下，成为儒生学子的标准读本，影响极广。也因此事，太宗对颜师古格外器重，封他为秘书少监，专门负责校正考辨“奇书难字”，“众所共惑者，随疑剖析，曲尽其源”。这样，他在朝中的地位便仅次于魏徵了。

这一项工作正对颜师古的胃口。他的祖父颜之推便精于训诂考校之学，尤其是一生从南到北，见闻广博，对南北方的语言、字音、字形、字义的异同及成因颇有一番研究，并将其心得写入《颜氏家训》的《书证》《音辞》等篇中，为后人研究音韵训诂提供了重要的启示。颜师古自小得颜之推喜爱，时常将他带在身边，就连与同僚饮宴交流切韵的时候，也让颜思鲁带着他陪在一旁。家学渊源，耳濡目染，颜师古的父亲颜思鲁以擅长训诂闻名，而颜师古则更精于此道。因此，对于皇帝安排给他的这项秘书少监的工作，他甘之如饴，乐在其中。

然而，仕途得意的颜师古又遇到了小小的波折。他在任秘书少监之后，便逐渐提拔后进，任用了许多原本名声不显的年轻人。原本引入新血，无可厚非，但问题在于，经颜师古引进的新人，大多是出身富贵显要，很少有寒门子弟。于是，有人认为颜师古一定是收受了贿赂，参了他一本。太宗听闻，心下不悦，下旨将颜师古贬为郴州刺史。郴州地处湖南，山岭密布，是中原与沿海之间一道重要的关隘。从云端跌下、即将远离自己喜爱的文化事业的颜师古，失魂落魄地回到家中，心中无比愁苦。

幸好太宗一向喜爱与倚重颜师古，将他贬谪外放，心里也有些舍不得。太宗在御书房里背着双手，略显烦躁地踱了几圈，蓦然停住，命人传唤颜师古。

颜师古低着头，精神萎靡地走了进来，叩拜过太宗之后，便垂手站在御案之前。太宗没有如以往一样赐座给他，看了看他，叹息道："颜爱卿呀，你的学识，少有人能比得上。但我怎么也没想到，你做了官，竟能在清廉方面被人弹劾。你今天落得这般下场，是你咎由自取啊！不过，朕爱你重你，实在不忍心就这么把你贬去别处。所以，这次我既往不咎，姑且放过你一次，希望你引以为戒，好自为之！"颜师古闻言，大为感动，连连谢恩，声泪俱下。

经此一事，虽然得以官复原职，颜师古的心里依然受到了打击，收敛了棱角与锋芒，整日闭门，谢绝来访的所有宾客，埋头书案。

两年之后，经过几百个日日夜夜的辛勤工作，在颜师古与孔子三十二代孙、经学大师孔颖达的联手之下，《隋书》的修订大功告成。又过一年，颜师古又撰成《五礼》（后称《大唐新礼》），参考古今礼仪，为唐朝制定了一整套礼仪规范。两书进献御前，太宗非常高兴，晋封颜师古为子爵，两书随即颁行天下，投入使用。

贞观十四年（640年），唐太宗因为觉得“五经”的语言过于晦涩，内容又过于庞杂，便命孔颖达等编纂《五经正义》，对“五经”再次进行简化与梳理。因为颜师古之前有考订“五经”的经验，他的考订成果又非常卓著权威，便让他加入，成为主要的参与人员。其间，颜师古从典籍中摘取疑难杂字，将同一个字的不同古今字体以楷书工工整整地写于纸上。这对于校勘工作来说，是非常有用的资源。于是，这些杂字广为流传，被誉为“颜氏字样”。

同年，颜师古完成了他一生中最重要的著作——《汉书注》。

《汉书》是东汉史学家班固所作，是继司马迁的《史记》之后，第二部史家奇书。《汉书》在历朝历代，都受到统治者的格外重视，尤其是两晋南北朝时期，流传甚为广泛。南朝刘宋范晔在《后汉书》中这样评价《汉书》的影响：“当世甚重其书，学者莫不讽诵焉。”

然而《汉书》的写作多用古文字完成，佶屈聱牙，晦涩难懂，许多人尝试研读，都不得其要义。《后汉书》就曾记载，《汉书》面世之后，因为太过难懂，很少有人读通。连东汉著名的经学家马融也要拜访班固的妹妹班昭，向这位著名的才女讨教。三国时，孙权希望长子孙登能够学习《汉书》，特意派张休到通晓《汉书》的名士张昭那里去取经，回来再转授给孙登。由此可见统治者和文人想要学习《汉书》的热切和通解《汉书》的难如登天。因此，注解《汉书》就非常必要，一旦著成，必是功德无量。

由于颜师古学贯古今，精于训诂考证，太宗便将注解《汉书》的重任交给了他。

唐代以前，对《汉书》的注本林林总总有三十余种，颜师古要注《汉书》，就必须对所有这些前人的作品进行整理归纳，取长补短，查漏补缺，匡正谬误。值得一提的是，他参考的书中，有一套《汉书决疑》十二卷，乃是他的叔父颜游秦所作。

颜游秦是颜之推的小儿子，为人博学风雅。武德年间曾任廉州刺史，获封临沂县男。颜游秦到廉州赴任的时候，正值刘黑闼叛乱初定，人心浮动，百废待兴。廉州境内盗贼横行，民风粗鄙。颜游秦用各种手段安抚

前漢書卷一上
漢 蘭臺令 史班固撰
唐正議大夫行祕書少監琅邪縣開國子顏師古注
高帝紀第一上

《汉书》颜师古注，南京金陵书局清光绪丁亥十三年(1887年)版

前漢書卷一上
漢 蘭臺令 史班固撰
唐正議大夫行祕書少監琅邪縣開國子顏師古注
高帝紀第一上
師古曰紀理也統理衆事而繫之於年月者也
高祖沛豐邑中陽里人也
劉氏 母媼

《汉书》颜师古注，清光绪十年(1884年)甲申仲春上海同文书局用石影印，北京师范大学图书馆藏

百姓，并大力施行教化，大大地改变了廉州的风气，使百姓的面貌焕然一新。廉州百姓都很爱戴他，为他编了一首歌谣：“廉州颜有道，性行同庄老。爱人如赤子，不杀非时草。”他所编纂的《汉书决疑》虽不完美，也很为当时的学者所称道。

对于《汉书注》，颜师古投入了巨大的心血。他认真考校所有旧注中的每一个字，认为旧注正确的，就全盘接受，认为有缺漏的，就将其补全；而一旦发现旧注的谬误，他也毫不客气地指出。

《汉书注》中就有这样一段：

> 《汉书·高帝纪下》：“春秋晋史蔡墨有言，陶唐氏既衰。”荀悦曰：“唐者，帝尧有天下号。陶，发声也。”韦昭曰：“陶唐皆国名，犹汤称殷商矣。”臣瓒曰：“尧初居于唐，后居陶，故曰陶唐也。”师古曰：“三家之说皆非也。许慎《说文解字》云：‘陶，丘再成也，在济阴。夏书曰东至陶丘。陶丘有尧城，尧尝居之，后居于唐，故尧号陶唐氏。’斯得之矣。”

对于每一个字的意义锱铢必较，这种严谨的治学态度使得颜师古的《汉书注》具有极高的学术价值，甫一问世，就受到大力的推崇与赞扬，对后世的《汉书》研究也有深远的影响。《钦定四库全书总目》中，对《汉书注》有着极高的评价：“师古注条理精密，实为独到……其疏通证明，究不愧班固功臣之目。”清末著名的学者王先谦在其著作《汉书补注·前汉补注叙例》中也如此赞道：“自颜监注行，而班书义显，卓然号为功臣！”

两条评价，两声“功臣”，便可以看出颜师古的《汉书注》沉甸甸的分量。

颜师古并未就此止步，他又开始写作《匡谬正俗》。

从书的名字就可以看出来，颜师古是要匡正典籍中的谬误，厘清南北的差异。颜之推在南北的辗转中，就体会到了南北方语言的巨大差异。他发现南北分立割据，交流阻绝，南北方的语言差距甚大，甚至无法交流，闹出许多笑话。于是，颜之推倾尽余生仔细研究，并详细地将所有的思考记录在家训之中，供后人参考。而颜之推的二儿子、颜师古的叔父颜愍楚也对音韵习俗颇有研究，写就《证俗音略》一文。

受到家学的影响，颜师古对训诂之学和对字音、字形、字义的辨别和解析有着非一般的兴趣。他参考南北的名物、制度与习俗，甚至学习少数民族的语言，只为弄懂每一个差异的源头。非常可惜的是，颜师古没有来得及完成《匡谬正俗》便撒手人寰。然而，即使是未完成的半稿也对后世的语言文字学研究产生了巨大的影响。

唐太宗贞观十九年（645年），六十五岁的颜师古随太宗东巡，病逝于途中，永远地放下了手中的笔。

颜师古去世后，太宗对他追思缅怀，赐予谥号“戴”，并颁御旨，在苍山颜师古葬地建造祠堂，亲自题匾“敦煌公师古祠”。

颜师古与三个兄弟都非常友爱，他死后，在朝中任谏议大夫、礼部侍郎的弟弟颜相时哀思过度，不久也去世了。一时，手足情深生死相随的事迹惹得闻者皆潸然落泪，唏嘘不已。

颜师古身后，三个儿子都很有才学，在朝廷担任文职。颜师古的长子颜趋庭历任朝散大夫和吉州刺史；次子颜扬庭整理父亲《匡谬正俗》遗稿，进呈高宗，先后任蒋王侍读和太子通事舍人；三子颜光庭，职方郎，任县令，博学强识，注《后汉书》。三子秉承祖训，刻苦学文，都有所建树。

## 第二节　颜氏有女名真定

中国古代，与男子相比，妇女的地位是比较低下的。她们从小就被教以《女诫》，被教以“三纲五常”，她们的任务就是为男人而生，相夫教子，辛苦一生死去后，只留下一个出嫁前的姓氏。家谱之中，也很少有对女性的详细记载。

然而，总有一些女子，就如东汉时的班昭与蔡文姬、东晋的谢道韫、宋代的李清照，巾帼不让须眉，终于在历史的长河中留下了自己亢亮的凤鸣之音。

颜真定，就是这样一个女子。

### 诲怙幼弟

说颜真定之前，我们先来看一看她的父亲——颜昭甫。

颜昭甫，字周卿，是颜师古的弟弟颜勤礼之子。幼年的颜昭甫就以聪明机智、悟性过人闻名，他幼承家业，精通训诂之学，于书法之道也很精通，篆书、草书、隶书都写得很好，从小就受到伯父颜师古的喜爱与欣赏，他也非常敬仰自己这位大有儒名，又宽厚慈爱的伯父。颜昭甫每当研究学问的时候遇到什么问题就会跑去请教伯父。而颜师古也格外看重这个侄子，每次写作了一些文章之后，都会把昭甫叫过来帮他参看一遍。如此日积月累下来，颜昭甫的学问迅速增长。

成年后，颜昭甫入朝为官，得到皇帝的重用，历任高宗侍读、汝南郡太守、曹王属和晋王侍读。曾经有一次，高宗得到一个古鼎，鼎上有铭文二十余字，难倒了满朝文武，只有颜昭甫当堂全部读出，并辅以解释。高宗既惊异又欢喜，对他更加赏识。后来，颜昭甫的孙子颜真卿曾经得到唐肃宗这样的夸奖："卿之乃祖，当为硕儒，既高倚相之能，遂有臧孙之后。不坠其业，在卿之门。"这句话夸赞颜真卿有乃祖之风，继承了颜昭甫的事业，光大了颜氏门楣。由此，也可以从侧面看出颜昭甫当时的文名之盛了。

唐肃宗至德三年（758年），颜昭甫被任命为华州刺史，娶了与颜家世代有姻亲关系的殷氏之女为妻，生有一女二子。

颜真定就是颜昭甫的长女，颜真定的性格温柔坚定，很受父亲颜昭甫的喜欢。她与当时社会上很多"养在深闺人不识"、只知道女红琴棋、熟读《女诫》的女孩子不同，从小就很幸运地在父亲的支持下，阅读家中的藏书，接受父亲的指点。长大之后，颜真定已经熟读史书，精通典制礼乐与儒家典籍，德行才学为时人所称道。

武则天继位后，因为性别和行事方便的关系，以及对女性能力的认可，身边喜欢任用一些女官。其时，武则天正想寻求一名既有学识又有德行的女子来做自己的女史。听闻颜真定是有名的才女，又是儒学世家颜氏的后人，就将她召进宫来。不久，颜真定就得到了武则天的赞赏和信任。武则天称她有“大家”之才，令她陪王伴驾，随侍左右，宠信无双。

颜昭甫很早就去世了，而他的两个儿子颜元孙和颜惟贞还在稚龄。身为长姐，家庭的重担就落到了颜真定柔弱的肩膀上。

颜真定看着两个还在幼年的弟弟，心下甚是怜惜，倾尽所能照顾他们。

此时的颜真定已经嫁入殷家。殷家与颜氏代有姻亲，颜之推、颜思鲁、颜昭甫都娶殷家的女儿为妻，两个家族之间关系非常友好。因此，颜真定便带着颜元孙和颜惟贞回到殷家，自己亲自对他们多加照拂。

在家中，颜真定像一个母亲，用慈爱的心温暖着两个幼弟，对他们的生活起居照顾得无微不至。

在家中，颜真定也是一个父亲。她知道家门传承振兴的希望在两个弟弟身上，要让他们努力读书，继承家业。于是，从《诗》《书》开始，她将自己所学毫不保留地教给弟弟们，每日都要考校他们的功课，严加教诲。

十数年之后，昔日的两个懵懂幼童，一个成为秘书监，一个成为太子少保，两兄弟终其一生，都对曾如父母般呵护教导他们、抚养他们长大的长姐满怀感恩之心。

## 割耳鸣冤

微风拂过，青青水畔，茂密的菖蒲随风点着头，细长碧绿的叶子轻轻摆动，在空中舞出一道道优美的弧线。

汉代乐府《孔雀东南飞》中，有这样几句："君当如磐石，妾当为蒲草。蒲草韧如丝，磐石无转移！"这句话犹如惊天裂石，穿越了无尽时空，仍在人们耳边回响，诉说着一个弱女子的执着与坚强。

不管风狂雨骤，细小的蒲草都不会被压断，纵使弯曲了腰肢，也要不屈地抗争，终会等到雨歇风停、云开日出的时刻！

外柔内刚，宁折不弯，颜真定就是这样的一根蒲草。

颜敬仲是颜勤礼的次子，与颜昭甫同为殷氏所生。性情仁义，孝顺父母，和兄弟昭甫一家十分友爱。颜敬仲也在朝中任文职，被皇帝册封为平昌县男。颜勤礼除了正妻殷氏外，还纳了一房侧室柳氏。一次，柳氏娘家中有人犯了错，得罪了武则天，被酷吏所杀。然而那酷吏依旧不依不饶，要把与柳氏相关的人都一网打尽。于是，虽然颜敬仲并非柳氏所生，也受到了牵连，被诬告下狱，眼看性命不保。

得知叔父含冤入狱，情况危急，当时正身在宫中的颜真定心下大惊，马上飞奔到武则天的面前，跪下痛哭，苦苦求情。

武则天以一介女流，能登临大统，坐拥万里江山，做到多少男人都做不到的事，她的心肠是非常冷硬的。她看着颜真定在自己面前哀求，即使是自己喜爱的女史，也毫不动容，只呵斥颜真定让她退下反省。

这时，颜真定从袖中拿出一把锋利的小刀，紧咬牙关，毫不犹豫地切下了自己的左耳。

鲜血喷涌而出，瞬间染红了颜真定的面颊和臂膀，又顺着衣袖，滴在光亮的青砖之上，触目惊心。武则天大惊失色，忙命左右侍从夺下颜真定手中的小刀，问道：“真定为何要如此自残身体？”

颜真定消瘦的身躯因为剧痛而颤抖着，然而她的声音却是无比坚定：“陛下，我相信，我的叔父没有罪，他是被冤枉的！我以我的性命作为担保！”

看着颜真定坚定的眼神，看着她血肉模糊的残缺的左耳，铁石心肠的武则天也不禁动容。于是一道圣旨颁下，颜敬仲得以免死，重获清白，被释放出狱。

颜真定勇闯御驾、断耳救叔的故事很快便传遍朝野，谁都想象不到一个弱女子能够做出这样贞烈的举动，对她都充满了尊敬与佩服。

## 第三节　驱虎驯鸥颜太守

舍生以取义，杀身以成仁。

春秋时期，孔子的入室弟子中有一个名叫子路的人。子路的性情直率，勇武无双。随孔子周游列国归来之后，子路先是辅佐鲁国权臣季孙氏，后来投入卫国大夫孔悝门下，为其效命。公元前480年，孔悝的母亲伯姬与人密谋立自己的弟弟蒯聩为卫国国君，并胁迫儿子孔悝杀掉卫出公，迎在外流亡的废太子蒯聩回国继位。孔悝不从，放掉了卫出公，自身却陷入了危险之中。当时有事外出的子路闻讯，快马加鞭地赶回，面见蒯聩，要救出孔悝。蒯聩的家臣与子路大战，挥戈挑落了子路的冠缨。子路目眦尽裂，大声呵斥道："君子必正衣冠！我即使死在你们手里，也要衣冠端正！"于是抽出手来，将冠缨的带子重新结好，而此时乱刃已经及身，子路英勇就义。

"仁"和"义"一直是儒家思想的核心。孔子曾言："仁者必有勇。"

子路以一己之勇，奋起救主，知其不可为而为之，正是体现了儒家所提倡的忠、孝、仁、义。

而颜氏身为与子路同为孔子爱徒的复圣颜回的后代，代代以儒雅传家，既接受着学问礼节的熏陶，也继承了忠勇孝烈的仁义。放下手中之笔，拿起冷硬长枪，演绎出一幕幕可歌可泣、义薄云天的壮烈传奇！

## 年少英才

唐中宗景龙三年（709年）的一天，唐都长安的东南隅，慈恩寺晨钟的声音仿佛还在空中回荡，高耸层叠的大雁塔俯瞰着曲江池波光粼粼的湖面，池水中不时有锦鲤腾跃而起。它仔细地看了一眼湛蓝的天空，再心满意足地跌回水中。

池畔的芙蓉苑里走出一个穿着轻衫的少女，少女手中拿着一只细颈大肚的青瓷瓶。少女走到池面的曲桥之上，将瓷瓶轻轻放到一旁，右手扶着栏杆，左手轻轻地向前探去，连半个身子都探出了曲桥。“咔嚓”，伴着一声微响，纤细的手掌间就多了一朵娇艳欲滴的芙蕖。少女开心地用瓷瓶从池面捞了一点儿水，将芙蕖轻轻地插入瓶中，欢呼雀跃地跑了回去。随即，芙蓉苑中便响起了一阵银铃一样清脆的笑声。

芙蓉池以北，是长安城著名的里坊——敦化坊。此刻，在敦化坊颜府后宅，其中一个房间的窗前桌上，一方瓷盘里也用水养着一株芙蕖，花瓣饱满粉嫩，花茎挺直优雅。房中此时挤满了人，然而没有人顾得上看这芙蕖的天香国色一眼，所有人都眉眼含笑，看着摇床上刚降生的小宝宝。

这一天，颜家的家主颜惟贞喜笑颜开，他的妻子殷氏刚刚为他生下第六个儿子，他为儿子取名真卿。

颜真卿出生时，唐朝正是一派兴盛气象，政治平稳，社会安定。长安城里，每日都汇集了从四面八方甚至海外而来的旅客商贾，不同的肤色，不同的语言，不同的服饰，交流穿梭，热闹而繁华。长安城里的儒生也特别多。自从唐太宗扩建太学、国子学，又设置弘文馆，广召天下儒士，再加上科举制的施行，这几年间，长安城里涌入了成千上万的儒生，为胡汉混杂的喧闹中注入了一丝文雅之气。

长大后的颜真卿一直记得长安城的繁华，却记不得父亲的模样。因为父亲颜惟贞在他两岁那年就身染重病，英年早逝了。母亲殷氏带着颜真卿兄妹十人，投奔住在通化坊的舅父殷践猷。

明刻颜真卿像

殷氏一族是陈郡的名门望族，代代以儒雅礼教为重，与颜氏有着相似的门风，也许这也是为何两个家族能够历经数代，一直走在一起的原因之一吧。殷氏子弟一直以儒学和书法闻名，颜真卿的母亲殷氏也熟谙书法之道，在闲暇之余，时常亲自教导子女，手把手地教他们练字。舅父殷践猷精通《史记》《汉书》，也经常对颜氏子女们施以教诲。因此，在舅父家中的生活，使得幼年的颜真卿打下了很好的儒家经学与书法的基础。

另一个对颜真卿的成长影响很大的人，就是颜氏的贞烈才女颜真定。此时的颜真定已经步入花甲之年，丧夫之后，闲居在家。于是，就像年轻时教导元孙和惟贞两个幼弟一样，颜真定又开始教导颜真卿兄弟。她时常盘坐在炕上，让颜真卿坐在她的旁边，为他讲颜氏家族的悠久历史，为他讲曾祖靖侯颜含和颜见远的义烈故事，讲曾祖颜之推的刀光剑影、险死还生，讲他的父亲颜惟贞如何勤奋好学，讲自己如何割耳明志。先辈的这些故事深深地吸引了颜真卿，在他小小的心灵中播下了一颗种子。

颜真定还在礼仪、举止、言谈等方面对颜真卿进行教导，并传授给他儒学和音韵学的一些知识。她还敦促颜真卿兄弟认真学习《王孙赋》《飞龙篇》《造化篇》以及《五都赋》等名篇，背诵其中的佳句。所有这一切，都为颜真卿日后的成就打下了坚实的基础。

在颜、殷两家不遗余力的教诲下，颜真卿和他的兄弟们身上都发生了脱胎换骨的变化。长兄颜阙疑，精通《诗经》《左传》；二哥颜允南，精通诗赋书法；三哥颜乔卿，精通晋史；五哥颜幼舆，精通礼法。兄弟几人都是自幼学习颜氏的家训，要求兄弟之间要相互友爱。而早早丧父，相依为命的生活也使得兄弟之间格外团结。因此，从颜真卿记事起，兄长们就对他呵护备至，而兄弟之间因为学问专擅的领域不同，时而切磋讨论，都获益匪浅。

众多兄弟之中，颜真卿最为感恩的是二哥颜允南。颜允南比颜真卿大了整整十五岁，他博学多才，诗文华美，而且善于交际，有很多朋友。颜允南为人宽厚仁慈，品行端方。曾经有一次，颜真卿养的小仙鹤一条腿折断了，只能一直趴伏着，偶尔扑腾一下翅膀。颜真卿那时还比较淘气，练习书法的时候，看了看小仙鹤雪白的翅膀，眼前一亮，就笑嘻嘻地在小仙鹤身上涂画起来。这时颜允南正好路过他的窗前，看见了这一幕，严厉地告诫颜真卿道："此虽不能奋飞，竟不惜其毛羽，悉不仁之甚欤！"这件事一直记在颜真卿心里。颜允南去世之后，颜真卿悲伤不已，写作《颜允南神道碑铭》，将兄长教诲自己的这件事记录了下来，并饱含深情地写道："至若发虑学文之亲，立身复陵之道，非仁兄之规诲，曷暨所蒙？且有师训之资，岂惟孔怀之戚？"

唐玄宗开元九年（721年），殷氏家主殷践猷去世，颜真卿的母亲殷氏便带着全家，一路向南，到吴县投奔自己的父亲。

南方的风景秀丽，气候温和，就像南方的读书人，带着儒雅之气。在这里，颜真卿生活了将近十三年的时间。

在南方的生活一开始是比较清苦的，颜真卿兄弟都没有入仕，没有经济来源，只能靠亲友的接济度日。寄人篱下与饥一顿饱一顿的生活使得颜真卿比同龄的孩子都要早熟一些，他从不发一声怨言，尽心侍奉着渐渐苍老体弱的母亲，平日用功读书，一直保持着非常乐观的心态。

当时，因为经济困顿，缺乏纸笔，颜真卿便想了一个办法，把黄土在盆中和成泥，用手指蘸着黄泥在墙上练习书法。不料失之东隅，收之桑榆。久而久之，颜真卿的指力竟大有长进，写出来的字粗犷旷达，银钩铁画，已经开始形成自己独特的风格。

当然，这种生活的窘况没有持续太久，随着颜阙疑和颜允南等年长的兄弟陆续做官，有了俸禄贴补家用，经济状况逐渐好转。

十余年的勤奋苦读，使颜真卿为自己攒下了丰厚的积累，他对儒家经义了如指掌，他的诗赋辞藻华丽，"词翰超伦"，他的书法自成一体，令人赞叹。

十年磨一剑，霜刃未曾试！

唐玄宗开元二十二年（734年），二十六岁的颜真卿终于走出了南方的烟雨，回到了阔别已久的长安。

他是来应举的。十几年寒窗，兄长们已经都做官了，甚至组建了自己的家庭。现在轮到自己为颜氏家族、为命运打拼！

不负众望，这一年，颜真卿以“经策全通”的优异成绩考取进士。

唐代的科举有不同的科项，如进士科、秀才科、明经科、明算科等，应考的人可以选择一科进行考试。每一科的难度不同，以进士科最难。虽然不论选择哪个科目，通过的话都有官可以做，然而官职的性质、等级和未来的前途却是大不相同的。通过进士科难度最大，比现代高考千军万马挤独木桥的竞争还要残酷，然而一旦通过，就可想见似锦的前程，做官的起点更高，升迁也要比别的科目出身的人更快。

因此，颜真卿通过进士科，且高中甲等，颜氏阖族都欢腾起来，以此为荣。

颜真卿出色的才学使得当年进士科的主考官、考功员外郎孙逖（tì）大起惜才之意，放榜后不久，就亲自牵线搭桥，做了回月老，撮合了颜真卿与长安望族、中书舍人韦迪之女的婚事。

“洞房花烛夜，金榜题名时。”此时的颜真卿是何等意气风发啊！

## “御史雨”

唐玄宗开元二十四年（736年），颜真卿以优异的成绩通过吏部的遴选考试，被授予朝散郎和秘书省著作局员外郎的官职，正式步入仕途。

唐玄宗天宝元年（742年）秋，颜真卿受到扶风郡太守崔琇的举荐，参加“博学文词秀逸科”，皇帝御驾亲临勤政楼，考校参试者，结果颜真卿拔取头筹。

天宝元年年底，颜真卿被任命为醴泉（今属陕西省咸阳市）校尉。在任期间，颜真卿负责整个醴泉县的治安和防卫工作，因为工作勤恳，为人清廉，受到百姓的爱戴和朝廷的赏识。四年后便被调回长安，升任长安县县尉、散官加通直郎。

不久，颜真卿又升迁到御史台，任监察御史。在唐朝，御史的作用就是监察百官以及向皇帝进谏、对有过错的官员予以弹劾等。御史台就相当于朝廷的耳目，类似于当今的检察院、中纪委等的综合体。唐代的统治者对御史台都非常重视，能够提拔成为御史的，都是品行端方的人。

因为御史台负责监察各级官吏，并不只限于朝中大员，因此便时常需要巡视地方，了解民意官声。而颜真卿所负责的，具体来说就是巡视指定的郡县，视察当地屯田的情况、钱币流通使用的情况、官员选拔交接的情况、当地的财务状况，以及刑狱案件处理的情况。

颜真卿每次到地方巡视，遇见职责内能管的事，都不会袖手旁观，而且均竭尽所能，处理得妥妥当当，久而久之，颜御史的能干在朝野中也出了名。

有一次，颜真卿奉命巡察陇右地区（陕甘交界的陇山以西的广大地区，包括如今的甘肃南部和青海东北部）。刚刚进入到五原郡，队伍就被听说“御史大人进城了”的百姓截住了。百姓七嘴八舌之下，听不清楚说的是什么。颜真卿便先让百姓们安静，然后令他们派个代表出来说话。一位看起来比较德高望重的老者被众人推举出来，老者颤颤巍巍走上前来，对颜真卿一揖。颜真卿赶忙将老人扶住，细细追问，才得知事情的原委。

原来这些百姓都是为郡上一户人家鸣不平的。这户人家一贯清白本分，结果忽然有一日被官府不分青红皂白抓了去，大家都知道官府一定是抓错了人，便集体去府衙求情。没想到官府却拒不受理，只管将人收押在监。

这件冤案已经过去了很久，但百姓们也不知向谁申诉，就一直拖了下来。

颜真卿听了，对百姓承诺一定查清此案，决不错抓好人。随即便赶赴当地府衙，接管所有刑狱卷宗，紧锣密鼓地开始调查。

一查之下，这桩案子果然是冤案，有罪者另有其人。颜真卿一面派人抓捕真正的犯人，一面将被错押的良民公开释放，为他们平反昭雪。

颜真卿升堂断案之时，全郡的百姓几乎都来了，衙门口里三层外三层，黑压压的人群竟看不到尽头。当案情审结，沉冤昭雪的一刹那，欢呼声就像一片海浪淹没了整个府衙。

就在这时，突然天色一暗，大雨倾盆。百姓们都惊讶得不得了，因为最近五原郡正遭旱灾，已经几个月没有下雨了。现在突然天降甘霖，百姓们欣喜若狂，都认为是因为颜御史公正断案使得冤情洗清，上天感动，所以落雨。

大雨瓢泼，然而掩盖不住百姓们虔诚的呼喊。

“御史雨，这是御史雨啊！”

## 莫碰小人

然而，御史在所有官职中，可谓是最得罪人的。颜真卿一身正气，不惧权贵，往往直言进谏，虽然得到了很多人的尊敬和皇帝的肯定，却也因此得罪了不少人。

荥阳郑氏有三兄弟，都在朝为官，有的做县令，有的做京尉。他们的母亲已经去世了二十九年，棺木却一直停在太原佛寺的空园之内，迟迟没有下葬。这是为何呢？原来，这三个当官的儿子都怕花钱，于是互相推诿，一直没有争出个结果。这件事被颜真卿得知，他大怒之下马上上奏弹劾。这种事情即使是放在现代也是千夫所指，更何况是极为重视“孝”、大力推行儒学的唐代？皇帝听了颜真卿的进谏，便马上下旨，罢免了那三个不孝子的官职，让他们回乡务农，终身不予录用。

又有左金吾将军李延业，素来得到皇帝的恩宠便骄横起来。一次李将军在府内大宴宾客，动用了宫中的驾仗，却没有依法向宫中报备。颜真卿得知，在朝堂上当众对李将军进行责备，结果李延业仗着皇帝的宠幸，在朝堂上大声喧哗，口出不逊。颜真卿毫不畏惧，与他据理力争，就差动手打起来了。玄宗皇帝见好好的早朝变成了一锅乱粥，便也动了气，下旨整肃朝廷纲纪，贬谪李延业为济南太守，御史台终于获得了胜利。

因为累累铮谏和巡察地方的突出功绩，唐玄宗天宝八载（749年）八月，颜真卿被提拔为殿中侍御史，从八品升到了七品。然而不久之后，因为一次进谏，他被赶出了京师。

其时，朝中有御史中丞宋浑，是五朝元老、大唐一代贤相宋璟的儿子。宋浑因为和御史吉温、崔寓有私怨，被他们合伙诬告，被贬去了贺州。颜真卿为宋浑鸣不平，当面指责这两人道："你们怎么能因为自己的一时之愤，就肆意打击宋璟的后人！"从此，吉温、崔寓二人对颜真卿也仇视起来。这件事情被当时的权臣、宰相杨国忠知道了，吉温等人是附庸于杨国忠的，杨国忠便认为颜真卿不识时务，不来投靠自己也就罢了，还侮辱自己的附庸，这就相当于打自己的脸。于是，杨国忠暗中授意吉温，弹劾御史中丞蒋冽，举荐颜真卿为东京畿采访判官，去调查处理蒋冽的事情。就这样，颜真卿被杨国忠一党使计调离了京师。

直到第二年八月，颜真卿才回转京师。虽然被排挤打压，颜真卿却风骨依旧，朝中很多人都很佩服他。回京之后，颜真卿又官复原职，不久，又被提升为侍御史。三个多月后，他又被授予尚书省兵部员外郎一职，判南曹（尚书省吏部、兵部下属机构，负责管理档案文书）。

在尚书省任职期间，颜真卿负责对武职人员的筛选。以往对武官的筛选条件设定得很细，有很多条目其实是不必要的，结果经常导致避重就轻，一些不错的人选都被淘汰了下去。颜真卿经过仔细考虑，对筛选条件进行了改革，把关系到武官素质的重要条目摘出来，删去无关痛痒的细枝末节，对武官的铨选产生了很大的影响。很多因为条件改革而得以录用的武官都对颜真卿心怀感激。

然而，俗话说得好，宁得罪君子，不得罪小人。颜真卿之前间接得罪了杨国忠，被赶出京师。一年多的时间过去了，小心眼儿的杨国忠竟然还是怀恨在心，看他百般不顺眼。于是，唐玄宗天宝十二载（753年），杨国忠借口外地缺乏优秀的郡守，"大力举荐"颜真卿，让他出任平原太守，虽然官至三品，却是远远地离开了京城。这个“刺儿头”走了，杨国忠的心终于舒坦了。

面对杨国忠的小人之心，颜真卿没有任何怨言，坦然接受了玄宗的册封，即日启程，携带家眷，赶赴离京三千里的平原郡上任。

其时，著名的边塞诗人，写出“忽如一夜春风来，千树万树梨花开”的岑参恰好身在京师，听闻颜真卿被外放为一郡太守，便作了诗为他送行。诗中这样写道：“易俗去猛虎，化人似驯鸥。苍生已望君，黄霸宁久留。”

颜真卿到任平原郡守之后，便开始察访当地有名的孝义名节之士，对他们予以表彰，甚至减免他们的赋役。他听说安陵处士张镐博学多才，隐居家中，便登门拜访，虚心地向张镐讨教。不久，又趁着廉使（考察廉政的官员）到了平原郡的机会，把张镐推荐了上去。后来张镐被征召入京，受到赏识，最终官至中书侍郎同平章事，成为大唐的宰相。

在颜真卿的治理下，不到三年的时间，平原郡便风化大兴，政务井井有条，百姓和乐，成绩卓著。

然而，好景不长，战争的阴霾已然渐渐逼近。

## 累累血战

平原郡隶属三镇节度使兼河北采访处置使安禄山管辖。安禄山其人体形痴肥，本是胡汉混血。他得到幽州节度使张守珪的赏识，通过张守珪的关系，逐渐掌握了权力，渐渐接近国家中枢。安禄山其人狡诈多谋，善于逢迎钻营，甚至哄得唐玄宗一度赐给他丹书铁券，使他有了免死的特权。他的职位也是不断地上升，甚至官至左仆射。

安禄山谄媚的笑脸之后，包藏的是深沉的祸心。随着皇帝的宠信和官位的升迁，他的势力不断膨胀，甚至坐拥整个东北部，统率十数万大军，隐隐然已经可以与朝廷分庭抗礼。安禄山镇守幽州十余载，野心越来越昭然若揭，只不过朝堂之上，没有人敢向依然宠信安禄山的玄宗说这样的话。

颜真卿对安禄山的图谋也早有察觉，他没有声张，在平原郡暗暗布防。他以防汛为名，加固城墙，修筑防御工事，挖“疏浚”用的壕沟，储备粮草和武器装备。他命人四处取土，烧制很多圆形的砖块，大的砖块用来针对骑兵绊马之用，小的砖块可以针对攻城作为投掷的武器，连普通百姓都可以使用。为了掩饰这暗中的许多动作，颜真卿时常带人外出游览，设宴酬唱，饮酒作乐，甚至一度跑到颜氏祖籍琅邪临沂去“寻根”。所有这一切，都是用来麻痹敌人，以免被人发现端倪，“内为御敌之计，外托胜游之资”。

就这样，颜真卿在神不知鬼不觉中完成了一切部署。正是因为他的未雨绸缪，使得平原在不久后的战火中免于覆灭的命运。

唐玄宗天宝十四载（755年）十一月，安禄山终于露出了“禄山之爪”，以史思明、田承嗣等为前锋，又勾结少数民族部落，起兵十五万，于范阳造反。

安禄山起兵叛乱之前，颜真卿就有所觉察。他本来想亲身回京，通知皇上小心戒备，但安禄山对他已经起了疑心，驳回了他的请示。颜真卿只得另想他法，暗中派人赶往长安送信。

可叹玄宗已经被安禄山迷惑了心窍，根本不相信他会谋反，所有对他发出预警的密报都被扔到一旁，留滞禁中。直到安禄山已经发兵南下的消息传来，玄宗才捶胸顿足，悔之晚矣！

安禄山叛乱后，一路势如破竹，一些沿途的州郡关隘甚至直接开门投降，形势岌岌可危。

颜真卿苦于无法离开，不知如何将最新的战报送到皇上手里。这时，机会来了。安禄山命令颜真卿带领七千兵士驻守黄河沿岸，他趁机派心腹参军李平沿黄河先到东都洛阳，然后向西折向长安。

李平到时，玄宗刚刚听到了河北州郡开门投敌的报告，正暴跳如雷，吼道："难道河北二十四郡，就没有一个是忠于朕的吗？"玄宗正六神无主之时，听闻李平经洛阳从平原来，连忙派人将他传入宫中，直入寝殿奏报。读了颜真卿的奏报，玄宗得知平原郡早已未雨绸缪，做好了迎战的准备，就像吃了一颗定心丸，情绪渐渐平复下来。良久，玄宗长叹一声："我从来不知道颜真卿竟是如此了得啊……"

玄宗匆忙布置，仓促应战。他命令安西节度使封常清镇守洛阳，并于关中招募士兵十一万，以儿子荣王李琬为元帅，右金吾大将军高仙芝为副帅，浩荡东征。然而，叛军一路烧杀抢掠，势不可当，数次交战，唐军都是节节败退。

十二月十二日，东都洛阳失守，封常清和高仙芝会合，退守潼关。

与此同时，平原郡的战前准备也在紧锣密鼓地进行。利用平原偏于东南暂时没有受到战火波及的短暂平静时间，颜真卿从下属州县大量招募士兵，短短十天就招募了一万余人。颜真卿对这万余新兵进行整编后，在平原城西门外祭旗誓师。

万众瞩目下，颜真卿端着一碗烈酒，缓步走上临时搭起的高台。看着台下的士兵和将领，他的热泪控制不住流了下来，然而声音却依旧激昂：“国家之恩，戮力死节，无以上报！”“焉有人臣，忍容巨逆？必当竭节，龚行天讨！”

高亢的声音如金铁交击，震撼着现场的每一个人，激荡着他们的热血。

“必当竭节，龚行天讨！”

“必当竭节，龚行天讨！”

“誓与平原共存亡！”

誓师之后，颜真卿便派人带着李平从封常清那里拿来的三十余份朝廷悬赏讨逆告示到周围的郡县去分发，号召四周的郡县一起，齐心合力，抵抗叛军。这些郡县看到朝廷的告示，得知了安禄山的狼子野心，纷纷举旗响应。颜真卿又派人联络上自己的堂兄、常山郡太守颜杲（gǎo）卿。颜杲卿用计，先假意投降以麻痹安禄山，随之杀掉安禄山手下的得力叛将，与平原郡起义的浩大声势遥相呼应。

在平原义军的感召下，原本投降了叛军的郡县也出现了内乱，一些不愿投敌的将领纷纷反抗叛军在郡县内设立的伪长官，归附颜真卿。一日之间，河北十七郡同时内乱，捣毁伪官府，各路义军合兵一处，共计二十余万，奉颜真卿为首，立志血战到底，保卫大唐江山。

安禄山闻讯，便命人带着洛阳一战中杀死的东都留守李憕（chéng）、御史中丞卢奕和采访判官蒋清三人的首级，威胁十七郡。当使者带着首级来到平原之后，傲慢地斜睨着颜真卿说：“当初仆射大人（安禄山）十三日进入东都洛阳，远近的郡县无不俯首帖耳。听说你们河北诸郡不合作，仆射大人才派我来走上这一趟。如果你敢杀了我，后悔的日子就不远了！”

看着壮烈殉国的三位大臣的首级，颜真卿心痛如绞。然而他强迫自己一定要镇定下来，当务之急，是要想办法稳定军心。

他定了定神，忽然面带不屑之色，冷哼一声，道：“我在朝多年，李憕、卢奕和蒋清三人最熟悉不过！安禄山居然在我面前玩弄这种伎俩，拿了三个假首级来骗人。这三颗头颅，根本就不是他们！”说完，一声令下，安禄山的亲信还在目瞪口呆中就被腰斩成两段。

部下对颜真卿的话信以为真，很快就平静下来。这时，颜真卿才坐地大哭，对大家说明真相。

颜真卿下令将三位殉国将领的遗体好生装殓，然而只有首级，未得全尸，他便命人用平原盛产的柔韧的蒲草扎成三个人形，与头颅分别拼接在一起，穿戴整齐，并装入棺木。合上棺盖之前，颜真卿看见卢奕的脸上还有血痕，便低下头去，用舌头将卢奕面颊上的血迹轻轻舔去。部下们见了，都心中大震，号啕大哭，心中更是激起了不平之气，誓要踏平叛军，匡扶社稷！

颜真卿带领平原郡和河北十七郡的义军，横亘在原地，切断了叛军与后方的联系。安禄山原本有心迅速南下攻打潼关，然而后路被断，平原义军就像附骨之疽，让他坐立不安。于是，他暂缓攻打潼关，派史思明等回师北上，打算以大军之力碾压过去，先平了义军再说。

潼关的压力骤松，赢来了难得的喘息之机。

虽然义军成功地拖住了叛军的脚步，颜真卿却高兴不起来。此时的他将所有人遣出帐去，慢慢地佝偻下腰，仿佛不胜重荷。他的头渐渐低下，直到额头触到了桌案。良久，两滴泪水“啪”地落到了桌面上。

叛军掉头北上，首当其冲的就是常山郡，堂兄颜杲卿虽然英勇，但终究寡不敌众，被残忍地杀害了。从小一起玩耍一起切磋学问的堂兄啊，就这样死去了。国仇家恨啊！颜真卿紧握双拳，指节惨白，颤抖着，重重地砸在桌案上。“此仇不报，誓不为人！”

## 常山战尘

颜杲卿的事迹，在后来的《旧唐书》和《新唐书》的“忠义”篇中均有记载。

颜杲卿，字昕，是颜元孙之子，因此，他与颜真卿是堂兄弟的关系。小的时候，颜杲卿就经常到叔父的家里去玩。叔父颜惟贞过世得早，留下身后诸多子女，而他的七个儿子中，颜真卿的年纪与颜杲卿最为相当，脾气又很相投，于是便成了好伙伴。每次相会，堂兄弟二人都互相交流学业上的进境和困惑，一起谈天说地，一起练习书法，一起玩耍。尽管后来颜真卿随着母亲殷氏举家搬去了南方，见面的机会很少，然而两兄弟一直关注着对方的消息，没有完全断了联系。

虽然自小学习儒家文化，喜好书法，长大后的颜杲卿却是刚正不阿的烈火一样的性子。任遂州司法参军期间，他恪尽职守，即使受到遂州刺史的刁难，也毫不畏惧，据理力争，刺史拿他也无可奈何。开元年间，他和哥哥颜春卿与弟弟颜曜卿一同参加朝廷的官吏选拔。当时，唐朝的官吏选拔有四个标准——“身言书判”，即要求相貌端正丰美，言辞清楚切要逻辑严密，书法有一定的功力，以及文理通顺流畅言之有物。考核的官吏根据这四个标准将参加选拔的人分成等级，及格的就授予或擢升官职。结果经过选拔，颜氏三兄弟都得到了书判超等的好成绩，一时传为美谈。

后来，颜杲卿被任命为范阳户曹参军。范阳就是如今的北京市和河北保定市的北部地区，当时正归范阳节度使安禄山管辖。安禄山听说颜杲卿在范阳清廉爱民，官声很好，有意拉拢他到麾下。于是安禄山便上奏皇帝，将颜杲卿提拔为常山太守，仍在自己辖下。

安禄山起兵造反后，大军气势汹汹，很快危及常山。颜杲卿知道以常山的兵力，如果硬要对抗叛军，就如同以卵击石。于是，他决定先通过诈降，麻痹安禄山，再伺机而动。因此，当安禄山来到常山的时候，颜杲卿便带着长史袁履谦早早出去相迎。安禄山很高兴于他们的识时务，分别将一件紫色袍子和一件红色的袍子赐给颜杲卿和袁履谦，并留下自己的义子李钦凑带领七千兵士镇守土门（即井陉关，在今河北省井陉县太行山区内）。

安禄山走后，颜杲卿一行人回到官邸。颜杲卿把手中的袍子往案上一扔，指着袍子，向袁履谦道：“我们怎么能穿这种袍子呢？”袁履谦想了想，便了然大悟颜杲卿的意思。当下，二人叫来一向志同道合的真定令贾深和内丘令张通幽，密议到深夜。

从第二天起，颜杲卿便表现得无所事事，整日闲逛游乐。实际上，这只是他掩人耳目的手段，表面上令叛军放松警惕，暗地里一直派人联系太原尹王承业和堂弟颜真卿等人，寻找盟友，壮大自己的力量。

不久，颜真卿举平原义军，誓师讨逆。很快，颜杲卿就接到了颜真卿的书信，在信中，颜真卿说明了平原义军的情况，并说明自己希望和颜杲卿同心协力，以互成掎角之势压制叛军西路大军的打算。

仔仔细细读罢堂弟的来信，颜杲卿兴奋不已，当机立断，准备开始行动。

此时正是一个好机会。与李钦凑一同驻留下来的叛军大将高邈被临时召去范阳，还没有回来，土门关只有李钦凑和他的心腹在。当晚，颜杲卿便派人请李钦凑到官邸议事，等到李钦凑起身告辞的时候，颜杲卿才一拍脑门，道："哎呀，已经这个时候了吗？城门早已关闭了。这是我思虑不周了，钦凑不介意的话，就留宿一晚如何？正好年关将至，将领们也辛苦了。我这就命人摆下酒宴，一起喝上几杯。"李钦凑见天色确实已经很晚了，左右无事，便答应下来。

当夜，官邸内酒肉飘香，觥筹交错。袁履谦等人早已得了颜杲卿的授意，对李钦凑等人百般逢迎，频频劝酒，将一干叛军将领灌得酩酊大醉。叛军将领都喝得口僵舌直，行动迟缓之际，颜杲卿的手下一拥而上，将李钦凑等人全部斩首，太守官邸内一时惨叫连连，血光四溅。

斩首行动全权交给手下，颜杲卿此时正坐在房中，手边放着一杯茶，却并没有动过，早已凉透。他在静静地等候。

"咣当"一声，门突然被推开了，颜杲卿立即站起身来。只见袁履谦满面欣喜若狂之色，手中的木托盘上，端端正正地放着一颗人头。细看之下，不是李钦凑又是哪个？

颜杲卿大喜，仰天大笑，又问袁履谦被杀之人后事的处理，袁履谦欠身道："贼子的尸身已经投入滹沱河中了！""好！好！"颜杲卿又大笑起来，笑着笑着，却流出了眼泪。这是喜悦的泪水啊！

李钦凑这边已经解决，颜杲卿又算了算日子，估计高邈也要从范阳回来了，便派人给陶成尉崔安石和参军冯虔带去自己的口信。很快，冯虔等不辱使命，将高邈和另一员叛将何千年抓了起来，送到颜杲卿面前。安禄山义子被杀，两员大将被俘，这在士气消沉、战况不容乐观的当时，尤其是大功一件。颜杲卿随即命令张通幽等人，用盒子装了李钦凑的首级，押解着两名叛将，到京师呈献给皇上，并让自己的大儿子颜泉明随行。

颜杲卿哪知，爱子这一去，就陡遭变故，竟致在外流浪数年。

原来，押送首级和叛将的队伍经过太原时，太原尹王承业便动了别样心思。他知道这是大功，如果皇上知道，是定有加官晋爵的封赏的。贪念之下，他说动了张通幽等人，又找了一个借口，诓骗颜泉明回转常山，并交给他许多财物。而暗地里，王承业却安排了当地一个孔武有力的壮士翟乔，计划半路截杀颜泉明。翟乔此人，虽然好勇斗狠，经常受人雇用，却是一个是非分明的汉子。他思忖再三，认定王承业此举纯粹是小人所为，自己如果助纣为虐，一定会良心不安。于是，他拦住颜泉明，告知王承业的计划，颜泉明才得知自己险些丧命。虽然逃过一死，颜泉明却被王承业扣留在了太原，以免坏他好事。

王承业派人向玄宗邀功，得到了丰厚的封赏，并被提升为大将军。然而，纸终究是包不住火的，王承业冒功的事很快就被戳穿了。颜杲卿随即被封为卫御卿兼御史中丞，袁履谦为常山太守。

此时，颜真卿的平原义军也声势日隆，与颜杲卿遥相呼应，河北郡县纷纷起义归附，讨逆的力量越来越大了。颜杲卿和颜真卿的犄角之势一经形成，对安禄山的大军造成了极大的压迫，使得叛军南进的脚步不得不放缓，为王师赢得了宝贵的缓冲时间。一时间，这两支力量被人们称作“兄弟兵”。

安禄山得知颜杲卿原来是诈降，并且杀了自己的义子李钦凑，心中大恨，命史思明率兵直扑常山。

史思明来到常山城下，对颜杲卿劝降。颜杲卿回道：“安禄山犯上作乱，祸乱江山，征讨叛军乃天地之道，绝不可违！”史思明见劝降无望，便下令攻城。

与叛逆大军相比，常山城的守卫是相当弱小的。颜杲卿深知此次定是一场苦战，当无幸免。他身披甲胄，站在城头上，面对满城父老，大声宣誓：“我颜杲卿誓守此城，纵然身死，也绝不后退一步！你们可愿追随于我！”常山的百姓和士兵们看着他们敬爱的颜太守，热血沸腾，齐声喊道：“誓守此城，身死无憾！”环视着一张张熟悉的面孔，看着同样面带坚毅之色的妻子和小儿子，颜杲卿热泪盈眶。

这一战，风云变色，尸骨成山。

这一战，常山城的军民前仆后继，悍不畏死，演绎出一曲曲英勇壮烈的豪迈悲歌。

水干了，粮尽了，箭壶射空了。

眼红了，刀卷了，枪杆折断了。

已经感觉不到疼痛，只有杀，杀，杀!

常山城最终还是破了。

被俘的颜杲卿面前，被推过来一个五花大绑的少年，正是他的小儿子——颜季明。史思明缓缓抽出腰间的佩刀，明晃晃的刀锋架到颜季明的脖子上，看着颜杲卿问道："你降还是不降？"颜杲卿看着爱子，父子二人的眼中无他，只有舍生取义的坚毅与决心！颜杲卿斩钉截铁地回道："誓不降贼！"史思明大怒，挥刀而下，夺去了少年的生命。

安禄山此时正在洛阳，得知颜杲卿被押解过来的消息，便命人将他带来。看见满身鲜血、衣衫残破的颜杲卿，安禄山叹了口气，带着怒意，问道："我对你不薄啊，甚至上书提拔你为太守，你却为何背叛我？"颜杲卿圆睁双目，大声呵斥道："你不过是个区区牧羊人，谄媚奉承，得到天子宠爱，天子对你如此大恩，你为何背叛于他？我是大唐的臣子，理当恪尽忠义，以死报国！我恨不得杀了你这个乱臣贼子，难道还和你一起造反吗？笑话！"安禄山闻言，怒不可遏，连声命令左右，将颜杲卿和袁履谦等人拖将出去凌迟处死。

颜杲卿被绑在洛阳天津桥的柱子上，在刽子手的刀光下，颜杲卿血肉横飞，但他仍对安禄山不停破口大骂。安禄山大怒，命人用钩子钩断了颜杲卿的舌头，颜杲卿怒目圆睁，口中血如泉涌，却依旧含混不清地骂着，直到气绝身亡。

在旁边目睹这一幕的袁履谦目眦俱裂，他的手脚已经被砍断，看到被安禄山救回的叛贼何千年正在旁边，一口含血的唾沫就吐到了何千年的脸上。何千年恼羞成怒，将袁履谦乱刀分尸。

见到这悲壮的一幕，围观的百姓无不垂泪。

后来，张凑得到颜杲卿的一缕头发，交给幸存下来的颜杲卿的妻子。头发一入发妻的手中，突然微微动了起来，就像有了生命，对亲人诉说着浓浓的情意与思念。

故人已随清风去，留得正气在人间。颜杲卿的义烈之举注定被载入史册，代代传颂，就如宋代陈普的诗中所写："骊宫歌笑入青云，曾识常山有战尘。忠骨已澌余发在，因人得见梦中身。"

## 急转直下

堂兄惨死，颜真卿的心中充满了悲痛与仇恨，他将这些情绪全部转化为力量，投入到对叛军的战斗中去。

唐玄宗天宝十五载（756年），玄宗下旨，封颜真卿为户部侍郎、平原郡防御使，不久又加封他为河北采访使。这样，颜真卿就有了官方的身份来统率义军。他决定反守为攻，收复失地。

三月，颜真卿居中指挥，派录事参军李择交等带领平原士兵，联合河北部的士兵，进攻已被敌军占领的魏郡。堂邑西南，两军相遇。一夜激战，义军大胜，杀死叛军一万多人，俘虏了一千多人，缴获战马武器等不计其数，北方重镇魏郡收复！

大唐现在太需要一场胜利来鼓舞士气了。堂邑大捷是唐军平叛以来的第一场胜利，魏郡百姓欢欣鼓舞，热情迎接义军入城，并送来各种各样的吃食犒赏义军。

而此时，颜真卿做出了一个出人意料的决定，他竟然将堂邑之战的功劳让给了贺兰进明。贺兰进明是颜真卿在御史台的同僚，后出任北海太守。此人资质平庸，不擅领兵，因平叛初期毫无建树，后来又奉命久攻信阳而不下，受到玄宗的指责，萎靡不振。颜真卿起了恻隐之心，便将功劳让给他，而贺兰进明惊喜之下，便欣然接受了，并得到了朝廷厚厚的封赏。

如此重要的一场战役，颜真卿竟能将功劳让出，可见他心地之善良与对名利的淡泊。然而，他的这一举措连累得和他一起浴血奋战的将领们没有得到应有的封赏，以致很多人心生愤懑，确是有些不妥了。

由于颜真卿的义军极大地牵制住了叛军，给朝廷军队赢来了宝贵的喘息和调整的时间。而双方南北夹击，配合作战，也取得了很好的效果。与堂邑之战差不多同时，河东节度使李光弼和朔方节度使郭子仪率领唐军主力雷霆出击，一举收复了常山和赵郡。五月底，又在嘉山打败史思明，使得史思明落荒而逃。

形势可谓一片大好，唐军和义军士气大振，而叛军士气低迷，军心动摇，如果继续坚持下去，平叛可能只是时间的问题。然而，就在这个时候，形势却突然急转直下了。

祸患并非来自外敌，而是生于内部。

沙场上将领和士兵们在浴血奋战，以生命的代价保护朝廷的周全。而此刻，大唐朝廷的内部却已是千疮百孔，腐烂不堪。

晚年的唐玄宗已经变得有些昏庸，先是放任杨国忠、李林甫等权臣结党营私擅专朝政，紧接着就是宠信安禄山引狼入室，而在战事无比紧张的时刻，又听信宦官谗言，戕害前线的将领。就在李光弼、郭子仪大军与封常清、高仙芝大军准备合力围剿安禄山的老巢范阳的时候，监军宦官边令诚向玄宗进谗言，诬陷封常清和高仙芝，昏庸的玄宗居然不再做调查，就听信了这个宦官的话，将两位大将杀死。于是潼关大军只好阵前换将，换成了疾病缠身的老将哥舒翰。

哥舒翰虽然年老体弱，但毕竟姜是老的辣，总领潼关八万大军后，他全面分析了目前的形势，得出了和封、高两位将领一样的结论：此时最好按兵不动。玄宗于是又把这员老将列成了怀疑对象，怀疑他另有所谋，在杨国忠的怂恿下，玄宗派宦官不停地催促哥舒翰领兵出战。最终，哥舒翰逼于无奈，被迫出兵，他心知必死，不禁仰天长叹，痛哭失声。

果然，唐军败了，潼关失守，失去了屏障的长安脆弱无比，很快便沦陷了。玄宗在潼关被破之时就知道大事不妙，带着心腹大臣仓皇出逃。太子李亨匆忙之中在灵武（今宁夏回族自治区）继位，是为唐肃宗，改天宝十五载（756年）为至德元年。

此时，京师沦陷、玄宗逃走的消息已经散播开来，顿时引起了极大的恐慌，百姓人心惶惶。颜真卿见了这种情况，马上将前线战报写成一封帛书，封在蜡丸之中，派人秘密西去送给肃宗。

此刻肃宗远在灵武，身边只有寥寥十数人，消息闭塞，心中也很着急。因此接到颜真卿的战报，和前线重新取得了联系，非常高兴。当下便回复诏书一封，封颜真卿为工部尚书兼御史大夫，保留河北采访使的职位。册封的诏书也被封入蜡丸之中，送到颜真卿的手上。拿到诏书之后，颜真卿马上将诏书的内容晓谕整个河北，百姓得知大唐还有皇帝坐镇，颜太守依然是河北平叛的首领，恐慌的气氛就渐渐消淡了。

至德元年十月，河间告急，颜真卿派万余大军驰援，结果，快要到河间的时候，突然刮起了飓风。风声呼啸，锣鼓的声音都听不清楚，将令不行，士兵们又被吹得东倒西歪，叛军趁机重兵出击，可怜万余平原义军，一战之后，全军覆没，河间失守。

平原地区失去了河间这座屏障，遭到叛军的围攻。由于颜真卿一直以来便积极布防，防患于未然，因此，平原城墙坚固，叛军久攻不下，便选择围城，只准出，不准入。没有几天的工夫，城中的物资就已经所剩不多了。颜真卿将心腹部下召集过来，说道：“现在这样下去不是办法，早晚会城破被俘，到时也只是徒让敌人开心而已。我想要去皇帝那里，如果皇上一定要杀了我这个败军之将来激励士气，那么王纲可振，我死也愿意。如果不死，我必定卷土重来，收复失地，立下不朽的功业！这样比起围城被俘，要有意义得多。”

下属都赞同颜真卿的话，于是他们装扮一番，顺利离开。

## 第四节　仕途崎岖　我心依旧

虽然从安禄山叛乱到肃宗即位只有一年多的时间，但这一年对于大唐来说似乎极为漫长，经历了失败、绝望、胜利、希望，再到绝望，唐朝几度陷入了危如累卵的境地。与颜真卿一样选择回到朝堂之上的将领不少，他们都怀着“重整山河待后生”的心思，等待着休养生息之后，寻找一个绝佳的机会，一举平叛。

然而这些都只是期望，真的会有一个机会吗？谁也不知道。

不过世事无常，谁能想到下一秒会发生什么？老天就是这样给了大唐一个惊喜。

安禄山死了。

唐肃宗至德二载（757年），安禄山宿疾发作，双目失明，身上长满了毒疮。身体的病痛和失明的恐惧折磨着安禄山，他变得更加残忍和暴虐，对家人和为他立下战功的下属也是非打即骂。终于有一天，他的儿子和养子拿着刀，向他狠狠地刺去……

这样戏剧性的变化，使得叛军内部也是乱成一团，于是，大唐终于暂时平静了下来。

## 直言遭忌

至德二载初，刚过完年，肃宗就离开灵武到了长安以西的凤翔（今陕西省凤翔县）。经过战乱与逃亡，如今的满朝文武只剩下不到三十个人了。郭子仪和李光弼因为平叛中的战功被肃宗大力提拔。李光弼被升迁为户部尚书，郭子仪被封为兵部尚书，二人同领宰相之责。

而颜真卿则被封为刑部尚书。颜真卿拿到任命书，马上上奏道："我是在平原打了败仗回来的。平原失守，我的责任最大。现在陛下您没有治我的罪，反而对我大加封赏，这实在令臣惶恐，受之有愧呀！""伏愿陛下重贬臣一官以示天宪，使天下知有必行之法！"颜真卿的一番剖白，令肃宗与其他大臣都十分感动，最终肃宗也没有收回对他的任命。

不久，颜真卿又得皇帝赐封，兼任御史大夫一职，协助皇帝，整肃朝廷纲纪。于是，他又回复到了铁嘴直谏的日子，又开始源源不断地得罪人了。

比如，他弹劾宰相房琯（guǎn），就牵连到了一批人。房琯是武则天时期的宰相房融的儿子，一向与颜家交好。平定安禄山叛乱的时候，房琯指挥不力，吃了败仗。结果，房琯兵败回朝之后，竟然不理政务，只说自己病了，早朝再也不来了。而实际上，他健康得很，每日里都和庶子刘秩与谏议大夫李揖高谈阔论，谈佛论道，要么就是听寄居在他府上的门客董庭兰抚琴。颜真卿认为，房琯已经严重渎职了，而且他还偏袒不孝敬父母的谏议大夫李何忌，纵容董庭兰在他的府中收受贿赂，是可忍，孰不可忍。肃宗听了颜真卿上奏的关于房琯的种种情状，心下不满，便夺了他的宰相之职，贬为太子少师。

以上只是一个小小的例子，颜真卿一贯秉公而断，遇见朝中官员有不法事，一定直言进谏，不留情面，即使天子犯错，也是一样。于是，自然遭到一些人记恨。宰相崔圆后来向肃宗上奏，给颜真卿炮制了一个“事乖执法，情未灭私”的罪名，挑唆着肃宗将他“发配”到同州任刺史了。

这种找一个由头就被赶出京师的事情已经不是第一次发生，颜真卿对此很淡然。他的心里没有什么怨尤，只是平静地接受了现实，准备赴任。

然而，一到任上，颜真卿古井不波的那颗平常心便掀起了波澜。

同州，就是今天的陕西省大荔县，离长安很近。也正是因为邻近长安，长安城破沦陷时，同州也连带着遭到了战火的大肆破坏，生灵涂炭，十室九空，很多百姓逃亡在外，都没有回转。颜真卿眼见着民生凋敝的荒凉与百姓生活的困苦，心里十分焦虑。于是，他马上采取措施，一方面发出告示，劝解逃亡在外的百姓回归家园；一方面提供免费的医疗护理，并对因为乱军入侵而家人亡故的家庭提供抚恤。

这些政策只能解一时之急，要从根本上解决问题，就要提高百姓的生活水平。颜真卿很清楚这一点。在任期间，他努力发展生产，鼓励农桑，支持商业活动，很快，同州的情况就有了明显的好转。

## 守吾之志

“嘿呦！嘿呦！”

江西抚州的抚河边上非常热闹，一群群民夫正在热火朝天地忙着，有的用扁担挑运沙土，有的两人一组挑着沉重的大石头，还有的人站在热气腾腾的大铁锅旁边，用木桨搅拌着熬得稠稠的糯米浆。

“嘿呦！”两个赤裸着上身的民夫担着一块大石头走了过来，黝黑的肌肤上淌满了汗水。“咣当”一声，大石头重重地落到石堆上，其中一个汉子松了一口气，道：“累死我了！日头这么毒，我们找块阴凉的地方，歇一会儿吧！”另一个汉子解下腰间的汗巾擦着汗，却对同伴道：“要说辛苦，太守可比我们辛苦多啦！”同伴一怔，不禁向河中间望去。

河中间有一个小沙洲，沙洲上正站着一位年逾花甲的老人。老人气度雍容，须发斑白，却也穿着短打衣衫，指挥着民夫将石头和沙土垒到河里去，甚至不时亲自动手。

大汉吁了一口气，面带敬佩之色，说道：“是啊！自从颜太守来到我们抚州之后，我们的日子过得更好了。现在兴修水利，构筑堤坝，也是为了保住我们的田地不受洪水的危害，这是福荫子孙的大好事啊！太守这么大的年纪，整日都在堤坝上，日头再毒也没有一句抱怨，我们又有什么资格说要歇息呢！走吧，我们再挑几担去！”随着两个民夫的脚步远去，话语声也渐渐再不可闻。

沙洲上，老人直起身子，轻轻捶打着腰，他就是颜真卿，抚州的刺史。颜真卿微微眯着眼，看着柔滑如缎的河水，想着：看这河水如此柔顺，又怎能想到洪峰泛滥时的暴虐与狂野？朝堂就像这河水一样啊，时而风平浪静，时而恶浪滔天！

让我们把时间退回到十年前。

唐肃宗乾元元年（758年），在同州做出了卓越政绩的颜真卿又被调到了蒲州任刺史。蒲州地处黄河西岸，位于如今的山西运城境内，在颜真卿看来，是“扼秦晋之喉，抚幽州之背”的军事重地。其时，安禄山被儿子安庆绪和养子杀死，政权被安庆绪所得，虽然几年来一直没有什么举动，但几万兵马屯集河北，对朝廷依然是巨大的威胁。颜真卿一向未雨绸缪，就像在平原郡时一样，到了蒲州之后，便开始着力加强蒲州的防守力量。

一日，一个青年人风尘仆仆地来到了刺史官邸的门前。听到门房的通报，颜真卿惊喜交加，从椅子上跳了起来，大步出迎。那青年见了颜真卿，“扑通”一声扑跪在地，涕泪交加地喊道：“叔父！”“泉明侄儿，真的是你！快起来，让叔父看看！”颜真卿一把将青年扶了起来，抓着青年的臂膀，上上下下，仔细端详，喜不自胜。

原来这青年就是当初一去太原便杳无音信的颜杲卿之子颜泉明。颜泉明当日被冒功领赏的王承业与张通幽等人扣在太原，不得脱身，不久叛军攻克太原，他便被俘虏到了叛军之中。得知他是威武不屈的颜杲卿之子，叛军将领并未加害于他，只是将他软禁起来。后来，颜泉明趁史思明投降之际，寻机脱身，历经磨难，一路打听，才辗转来到蒲州投奔颜真卿。

当初颜杲卿英勇就义后，张通幽在杨国忠面前对他百般诋毁，说他曾投降安禄山。结果竟将一个殉国功臣的事迹生生埋下，皇帝对颜杲卿毫无封赏。从颜泉明口中得知诸多内情的颜真卿怒发冲冠，马上上表指明真相，怒斥张通幽等奸臣蒙蔽皇上耳目，使忠臣蒙冤。肃宗查明真相后亦是大怒，将张通幽廷前杖杀，并下旨追封颜杲卿为太子太保，赐谥号“忠节”，幸存的颜泉明等子侄也有不同程度的封赏抚恤。至此，颜杲卿终于沉冤得雪，名昭于青史，于九泉之下可以瞑目了。

颜真卿又想办法派人潜入叛军盘踞的河北，将颜杲卿和家人零落的尸骨寻回，妥善安葬，并写下了日后流传千古的《祭侄文稿》，祭献于堂兄墓前。

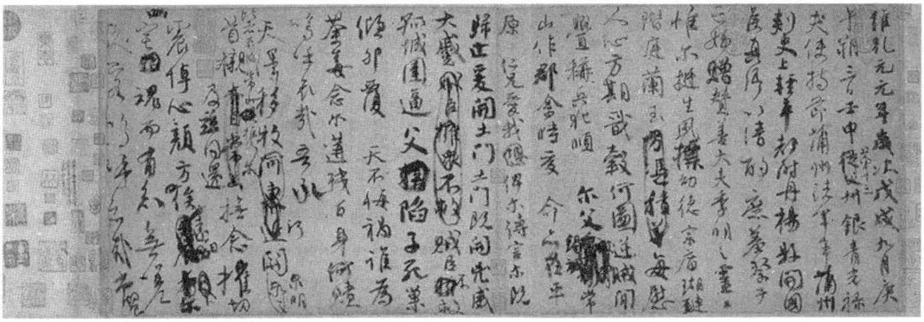

颜真卿行书《祭侄文稿》，现藏于台北“故宫博物院”

之后，颜真卿的仕途历经坎坷，辗转多地，先后任饶州刺史、升州刺史和江宁军使，又被李林甫构陷，被贬到偏远的蓬州（今四川省营山县）任长史。不过颜真卿的心态一直很好，他淡泊名利，更关注军事与民生，每到一地，都是兢兢业业，尽职尽责，发展农桑和商业，巩固关防，在各地百姓中间都获得了不错的口碑。

762年，太上皇玄宗与皇帝肃宗相继去世，代宗即位，才开始重新起用颜真卿。第二年，就任命他为吏部侍郎。再一年，颜真卿又被加封为刑部尚书兼御史大夫，并被赐予鲁郡开国公的爵位，封上柱国，朝中大臣敬重他的正直忠义与德高望重，都尊称他为“鲁公”。

代宗即位后，宰相就换成了元载。元载这个人自幼家境贫寒，寒窗苦读，也是满腹诗书。然而在官居宰相之后，越来越骄横跋扈、徇私枉法，欺下媚上，与李林甫和杨国忠比起来也不遑多让。因此，时而“路见不平一声吼”的颜真卿便经常和他意见不合、针锋相对，惹得元载深深忌恨，这恨终于在颜真卿的一本《论百官论事疏》后达到了顶点。

元载当时大权在握，私下结党，意图垄断朝政。但当时朝中还有很多平叛老臣在皇帝面前说话很有分量，元载行事张狂，却也怕被人参奏。于是，他便想了一个办法，对代宗道：“文武百官每天的奏章那么多，鱼龙混杂，里面不乏诬枉无稽之谈，浪费陛下您宝贵的时间。不如让奏章在御史台审阅过后，都递到我这里来，经过筛选后，再让陛下您过目。”

颜真卿得知此事，气得须发皆张，马上上书弹劾道：“郎官、御史都是皇帝的心腹耳目之臣，他们出使天下，巡视四方，把皇帝看不到听不到的事情带回来，才使得皇帝能够眼观六路耳听八方。现在皇上要自己捂住眼睛和耳朵吗？皇上耳目闭塞，那天下还有什么指望？昔日太宗皇帝勤政达听，命凡有急奏者，不分时辰地点，任何人一律不得拦阻，从而奏报之路通达，天下大治。如今天下还没有平定，叛军还在虎视眈眈，地方上也屡有动荡，皇上此刻更应该广开言路，怎能闭目塞听？相比无所进言，进谏更为不易，需要勇气，如果要经过御史台和宰相的筛选，以后还有谁敢进谏？陛下不是成了瞎子和聋子了吗？”“臣谓今日之事，旷古未有，虽林甫、国忠犹不敢公为之。陛下不早觉悟，渐成孤立，后悔无及矣！”一番话掷地有声，振聋发聩，打消了皇帝受元载挑唆的念头。

元载的报复很快就来了。唐代宗永泰二年（766年），元载进谗言，诬陷颜真卿诽谤时政，将他贬为吉州别驾，唐代宗大历三年（768年）迁抚州刺史，四年后，又迁湖州刺史，直到唐代宗大历十二年（777年），才重返京城。

从永泰二年被贬到重返国家中枢长达十余年的时间里，颜真卿被从云端敲落，一直被下放到地方工作。然而他一直保持着平和的心态，尽心处理政务，体察民情，公正断狱，兴修水利，垦田植桑，修路架桥，促进贸易，推行教化，并时刻将国家的内忧外患放在心上。正如他在《守政帖》中所说："政可守，不可不守……虽贬居远方，终身不耻。绪汝等当须会吾之志，不可不守也。"寥寥几语，道尽了颜真卿忠心为国的拳拳之意。

## 第五节　持节授首　铁骨书圣

“安史之乱”结束以来，颜真卿的仕途有大半的时间在地方度过。尽管辗转各地，难以真正地安定下来，这却也给颜真卿提供了了解各地民情与风土人情的机会。在处理政事的闲暇时间，颜真卿也会叫上友人，或者独自背着行囊，行走在名胜古迹与青山绿水之间。多年下来，他结交了很多意趣相投的朋友，这些朋友中有儒生，有隐士，有僧人，也有道士，他们经常结伴游玩，一起坐下来创作诗词歌赋，或一同切磋书技。在这期间，颜真卿的书法渐臻成熟，有了自己独特的风格——“颜体”。

从小接受母舅家殷氏的书法教育，几年黄泥涂墙的坚韧勤奋，以及岳父韦迪家中任他取用的丰富书法收藏，使得颜真卿的书法功底扎实，遒劲有力又不失筋骨，朴拙可爱又暗藏锋锐。因此，他的名气也越来越大，成为当时著名的书法家，很多人慕名向他求字，一些家庙祠堂或寺庙所需的重要碑文也经常找他来撰写，再转刻在石碑上以流传千古。

《多宝塔感应碑》

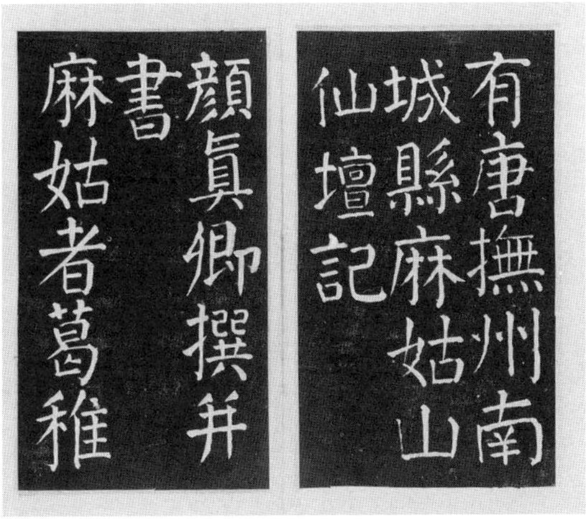


《麻姑仙坛记》

唐玄宗天宝十一载（752年），刚过中年的颜真卿就受长安千福寺楚金和尚的邀请，写下著名的《多宝塔感应碑》，至今还是书法爱好者临摹楷书的首选。而他于唐代宗大历六年（771年）作于抚州的《麻姑仙坛记》更是书中精品，历代以来，被誉为“天下第一楷书”。宋代欧阳修曾这样评价颜真卿的书法：“颜公书如忠臣烈士，道德君子，其端严尊重，人初见而畏之，然愈久而愈可爱也。其见宝于世者不必多，然虽多而不厌也。”苏轼也曾写诗赞美：“诗至于杜子美，文至于韩退之，书至于颜鲁公，画至于吴道子，而古今之变，天下之能事毕矣。”

几十年宦海沉浮，几十年境遇跌宕，颜真卿的心性就像他的书法一样，愈加铁骨铮铮，坚韧不拔，就如一座耸立的石塔，历经风风雨雨，虽显斑驳沧桑，却依旧气度雄浑，屹立不倒。

然而，更猛烈的狂风暴雨等在前方，汹涌狂暴的雷电蕴藏在厚厚的乌云之下，就等着合适的时候将高塔摧折！

## 沦入虎穴

六十九岁那年，颜真卿终于以刑部尚书的身份回到了阔别十年的京城。此时，权臣元载已经获罪伏诛，先是杨炎，接着是卢杞接替了宰相的位子，代宗驾崩，德宗即位。颜真卿此时已经无心仕途，连着三次上书，恳请皇帝让他辞职退休。然而，颜真卿作为三朝元老，德高望重，皇帝见他身体尚康健，便一再挽留，没有准奏。

留在政治旋涡里的颜真卿没有觉察到，毁灭的阴影已经慢慢靠近了，他在朝堂依旧忠心耿耿，刚正耿介。有他在，朝中的一些权臣就如骨鲠在喉，坐卧难安。卢杞就是如此，他忌惮颜真卿，便想方设法想把这个“老顽固”再请出京城去。颜真卿知道他的用心，便到中书省去找到卢杞，当面质问他：“我知道我性子执拗坦率，经常得罪小人。想当初，你父亲的首级传到平原，我看到他脸上的血迹，不忍用衣服去擦拭，最后用舌头一点点地舔掉！难道你这个后人，就忍心这样对我？”

原来这卢杞就是平叛中壮烈牺牲的中丞卢奕之子。听了颜真卿当面提及逝去的先人，兴师问罪，卢杞连忙按照礼仪，双膝跪下，以示忏悔恭敬。然而在他的心里，怨恨有如蚀骨的毒水，越积越深。

就在这时，李希烈叛乱了。

“安史之乱”虽然因安禄山之死得到平息，然而，这一场叛乱埋下了诸多祸患的种子。当时，唐朝设置了许多节度使，总管一片广大区域的军事，这些节度使中，有安禄山的旧部，也有揣着勃勃野心的人。叛乱之后，百废待兴，唐朝统治者无暇他顾，这些节度使们就成了雄霸一方的割据势力，逐渐超出了朝廷的掌控。

唐德宗建中二年（781年），成德节度使李惟岳联合山南东道节度使梁崇义与魏博节度使田悦等起兵反唐。朝廷任命淮西节度使李希烈为南平郡王兼汉南汉北兵马招讨使，带兵平叛。李希烈于襄阳大败梁崇义，迫其自杀，立下了大功。德宗龙心大悦，又加封李希烈为平卢、淄青等六州的节度使。

然而，养虎为患，权力和势力急剧膨胀的李希烈，野心也迅速地膨胀起来。第二年年底，李希烈就勾结田悦乱军，占据许州（今河南省许昌市），自立为天下都元帅、建兴王。李希烈此举已经大为僭越，形同叛乱，消息传回京师，朝野震动。

德宗傻了眼，他给予李希烈的权柄已经太大，如果兴兵讨伐，必是旷日持久的苦战，且胜负难料。正在惶惶然之际，卢杞终于露出了森然的毒牙，向德宗献计。

卢杞对德宗道："希烈年少骁将，恃功骄慢，将佐莫敢谏止；诚得儒雅重臣，奉宣圣泽，为陈逆顺祸福，希烈必革心悔过，可不劳军旅而服。颜真卿三朝旧臣，忠直刚决，名重海内，人所信服，真其人也。"德宗听信了卢杞的话，不假思索，便下诏命颜真卿前往许州劝降李希烈。颜真卿接旨后，即刻便动身，只带了几个人便星夜兼程往许州去了。

消息传开后，满朝文武尽皆哗然。大臣们纷纷上奏，请皇上收回成命。校检司徒李勉派人往洛阳方向追赶颜真卿，要求务必将人带回来。然而很快，派去的人无功而返。李勉忙问怎么回事，才知道，颜真卿抵达东都洛阳的时候，河南尹曾拦阻过他道："李希烈已经反了，你这一去，绝对不可能善了，鲁公三思！"但是颜真卿很坚决地回答："就算此去必死无疑，君王的命令，我也决不能违抗！"说完便继续上路了。李勉等大臣听到此处，痛心疾首之余也为颜真卿的忠义所感动，连连跺脚，却无计可施。

颜真卿抵达许州的时候，正是唐德宗建中四年（783年）的正月。凛冽寒风中，颜真卿昂首挺胸，手捧皇帝谕旨，走进了李希烈的帅府。

## 正气怯敌

刚宣读完诏旨，李希烈的养子们便不怀好意地围上来，手持明晃晃的利刃，对颜真卿极尽辱骂嘲讽之能事，并扬言要吃了他。颜真卿始终面不改色，李希烈见状，"呵呵"一笑，把这些养子们挥退，派人将颜真卿送去客馆居住。

接下来的日子里，李希烈几次过来，威逼利诱颜真卿书写奏章，向德宗洗白自己，为自己开脱，颜真卿都严词拒绝，每次送回京城的都只是一封家书，嘱托子女谨守言行，侍奉宗庙，互相要团结友爱等。李希烈也拿他没有办法，便又派遣原汝州别驾李元平来劝颜真卿。李元平曾被李希烈俘获，吓破了胆，便归顺了李希烈。颜真卿一见了他，嗤之以鼻："你乃皇亲国戚，又受陛下所托，委以重任，结果却摇尾乞怜，苟活于此！你还有什么脸来劝说我！"说罢大袖一拂，转身离去。李元平涨红了脸，无地自容，呆立了许久，才回去禀报李希烈。

李元平将他和颜真卿的对话原原本本地叙述给李希烈听，听了李元平的转述，李希烈感觉颜真卿就像是在骂自己一样，脸上也不觉有些火辣辣的，羞怒不已。

不久，李希烈大宴僚属，并邀请了结盟叛将的使者列席，颜真卿也被要求出席。席间，李希烈指使助兴的艺人以歌舞侮辱朝廷，颜真卿大怒之下，拍案而起，道："李希烈，你忝为人臣，怎能这样做！"说罢拂袖而去，留下李希烈在席上下不来台，脸红脖子粗。

又有一次，叛将使者们撺掇李希烈称帝，颜真卿也在场，听闻使者们的话，他呵斥道："你们听过常山太守颜杲卿吗？那是我的兄长！安禄山反叛，他首举义旗。后来即使被俘，绑上刑场，口中依然大骂安禄山不止！我已经快八十岁了，官至太师，我会坚守我的气节，就算是死，又怎么能受你等的威胁！"听了颜真卿义正词严的话，"诸贼失色"，面面相觑，再也说不出话来。

李希烈无计可施，便将颜真卿软禁起来。不久，淮西应援招讨使张伯仪战败被杀，李希烈命人将张伯仪的印信和首级送到颜真卿面前。颜真卿一见，心痛如绞，号啕大哭，直至晕厥倒地。

颜真卿的忠义感染了很多人，甚至包括一些叛军将士。有周曾、康秀林等人，被颜真卿的精神和正气所感召，偷偷联系他，要奉他为帅，谋刺李希烈。可惜的是，不知怎么走漏了风声，李希烈知道后，马上将周曾抓起来处死，并将颜真卿押送到蔡州。颜真卿认为自己这一次必死无疑，便要来纸墨笔砚，挥毫写下给自己的墓志铭和祭文，然后将笔一扔，笑着用手指向囚室西面墙壁下的地面，道："这里就是我埋骨之处了。"

不过颜真卿身为三朝元老，李希烈想来想去，还是没有动他，只是从此之后，格外警惕，对颜真卿严加看管。

唐德宗兴元元年（784年）初，李希烈攻下汴州，自称为“楚帝”，还定了年号“武成”，“定都”汴州，改为大梁府。在为称帝做准备的时候，李希烈犯了难，他身边多是军伍中人，行军打仗可以，但是礼仪方面可是一窍不通。于是，他找到颜真卿，询问登基称帝的流程和礼仪。颜真卿一听就知李希烈果然准备称帝，当下便坚定地拒绝道：“我已经老了，记忆力不好了，虽然曾经职掌国礼，但现在记得的只有诸侯朝见君王的礼仪了。”

## 烈日严霜

李希烈在颜真卿那里碰了一鼻子灰，悻悻而回。但他仍不死心，想迫使颜真卿屈服。称帝后的一天，他派手下辛景臻将颜真卿从囚室中提出来，让兵士在院中堆上干柴，淋上菜油，用火点着。熊熊火光中，辛景臻恐吓颜真卿道：“如果你不投降，就把你放到柴堆上烧掉！”颜真卿大步迈上前，就要跳到火里去。吓得辛景臻赶紧抱住了他，命令部下将颜真卿扶回囚室，无奈地将火又熄掉了。

李希烈称帝后的日子也并不好过。五月，他的弟弟李希倩在朝廷平叛中被杀死，李希烈愤怒欲狂。十一月，朝廷大军直逼汴州，李希烈不得已，出奔蔡州，颜真卿也被裹挟在转移的队伍之中。

到了蔡州之后，李希烈越想越觉得气闷不已，对朝廷的恨意使得他对一直“食古不化”的颜真卿也起了杀心。他派了一个宦官，穿着宫廷内侍的服装去见颜真卿。这个宦官对颜真卿说：“皇上有旨！”颜真卿颤颤巍巍地跪下，对着圣旨拜了两拜。宦官宣旨道：“宜赐卿死！”颜真卿伏地回道：“老臣羞愧，落入贼子之手，苟且偷生，罪该万死。不过，敢问使者是什么时候从长安过来的？”那个宦官冷笑着说：“我从大梁来。”颜真卿闻言，旋即跳起大骂：“你们这群逆贼，也颁什么诏书！”说完，便昂首挺胸，从容就义，直到被缢死，依然身躯挺直，怒目圆睁。

颜鲁公祠，位于南京乌龙潭西侧。始建于唐元和年间，太平天国时期毁于战火，清同治年间重建

时年七十六岁的元老颜真卿英勇就义的消息传了出去，天下大恸，三军皆怆然泪下。德宗废朝五日，追赠颜真卿为司徒，谥号“文忠公”。

回顾颜真卿的一生，金戈铁马，宦海沉浮，文才潇洒，政绩斐然。与堂兄颜杲卿一样，文人出身的颜真卿以仁处世，以仁养心，然而面对国家大节的时候，他凛然不惧，挺身而出，谱写了一曲宏大的富贵不能淫、贫贱不能移、威武不能屈的英雄赞歌！这就是孔子所说的“仁者必有勇”了吧。

《新唐书》的颜真卿传记结尾这样评价：“呜呼，虽千五百岁，其英烈言言，如严霜烈日，可畏而仰哉！”

是啊，时光荏苒，白云苍狗，然而，漫卷的历史风沙绝不会湮没那曾染红天地的热血，绝不会湮没那依旧回荡在寰宇之间的苍老而有力的声音：“吾守吾节，死而后已！”

# 结　语

深夜灯下，轻轻敲下最后一个字，长出了一口气，又不禁有些怔忡，心神依旧沉浸在这一个个故事中，难以自拔。

曲阜陋巷内，是谁曾经箪食瓢饮？

峄山脚下，是谁曾经泪洒长襟？

琅邪山旁，是谁在凭吊齐国古邑？

大江之上，是谁在嗟叹南渡的无奈？

北行路上，是谁在感慨身世流离？

书斋之内，是谁在埋头文案皓首穷经？

金銮殿上，是谁在血流满面掷地有声？

平原城外，是谁在以酒誓师振臂高呼？

是谁……

千年的风沙足以湮灭很多痕迹，曾经鲜活的身影也终究一个一个地远去。然而，总有些不变的东西，就像传承的烙印，一代一代地接续下去。

对于一个家族来说，这种传承的烙印，就是家风。无论足迹走到哪里，只要这个烙印存在，家族就会扎根在哪里。

家风是一个家族的独特的性格和气质，而家训则是家风的载体与传递者。家训的存在是为了存续家族、延续家风，而一个家族的家风也渗透在家训的每一个字里行间。

那么颜氏的家风是什么呢？颜氏的家训又有哪些内容呢？

第一，儒文并重，孝悌治家。作为复圣颜回的后代，儒家思想一直是颜氏家族所传袭的主要内容。颜之推在《颜氏家训》中曾交代：“吾家风教，素为整密。”由此可见，对于家风的传承，颜氏是有一套严格的内部规范的。就颜氏家族而言，他们的“风教”，就是“孝仁礼仪，导习之”（《颜氏家训》之《教子》篇）。

“孝悌”“人伦”一直是儒家思想的主要内容，在颜氏的传家训诫中，对此也是格外重视。《颜氏家训》中写到了父子之情，既慈且严；兄弟之情，同气连枝；夫妇之情，互敬互爱。

对于父母的孝顺和兄弟之间的友爱是颜氏家族的良好传统，颜斐和颜盛兄弟都以孝悌出名，所居住的地方被称为“孝悌里”。从颜含的事迹中更是可见一斑。颜含开棺救兄，足不出户侍奉父母兄嫂整整十三年，即使有做官的机会也都放弃了。

这一点颜之推自身就有深切的体会。九岁丧父，颜之推受到两位兄长慈爱有加的照顾，顺利安稳地度过了少年时期。颜真卿的情况和颜之推类似，从小没有得到父亲的教诲，都是靠着亲属和兄弟们相互支撑，才能走过最困难的时期。

这种建立在血缘关系基础上的关爱，可以使得家庭成员之间维系得更为紧密，从而有助于稳固家族的结构。同时，礼仪在两晋南北朝时期的家训家诫中尤其受到重视，因为士族们认为高雅的举止和严格的规范是他们区别于普通家族的标志。因此，颜氏也非常注重礼法的传承，族人从小时候起，就开始接受关于礼仪进退行止方面的训练。

颜之推在家训中提到，颜氏家族“世善《周官》《左氏》”，以“儒雅传家”，可见，在具体的学习内容上，儒家经典是不二之选。而尤其在礼学和史学领域，颜氏家族更为擅长。

而从“吾家世文章，甚为典正”来看，颜氏的家学渊源绝不是轻艳浮浅的东西，而是非常严肃的学术内容。这也是为什么颜氏家族很少出粉墨登场的骚客，几乎都是严谨博学的文士的原因。

而在文学方面，颜氏族人多擅长辞赋、训诂、考据，也可以看出他们在家学传承上的偏重了。

第二，经世致用，立身扬名。学得圣贤书，用于帝王家。儒家一向讲究“入世”，讲求所学能够“经世致用”，修身、齐家、治国、平天下。而对于一个家族来讲，呈现在代代相传的家训中的，可能更多的是关于家族自身的延续。换言之，通过读书改变命运，光大门楣，泽被后人。

颜之推在所作的家训中，更是表现出一种非常务实的态度。这和他所处的时代和人生的经历有很大的关系。南北朝时期，战乱频繁，战火之下，所有的生命都是一视同仁，不分贫富贵庶。士族受到了沉重的打击，眼见许多家族灭亡，便生出朝不保夕之感。比如“侯景之乱”时，侯景军队大肆掠夺、屠杀，所占城内未及撤离的豪门大户都被残杀、抢掠一空。

随着战局的混乱，士族们也开始流亡，由北投南和由南投北都是非常常见的现象。然而，如何取得稳定的经济收入来维持整个家族的运转与生存，就成了重要的问题。如果还是像以往一样学术浮浅、涂脂抹粉、纵情酗酒，是肯定不会得到很好的官职的。因此，读书就成了维生的手段、改变命运的机会。

《颜氏家训》中有不少这样的话语：“务先王之道，绍家世之业”“当博览机要，以济功业”“修善立名”“立身扬名”等，颜之推也对将“周、孔之业，弃之度外”和“违弃素业，侥幸战功”格外抨击，认为精通儒家典籍，让自己学问精深才是“传业扬名”之道。这样的嘱托与功利性关系不大，纯粹是一种生存的意识和本能。

第三，知足避祸，无欲则刚。“汝家书生门户，世无富贵；自今仕宦不可过二千石，婚姻勿贪势家。”这句话里，既有“王浑后妻”之事所带来的伤痛，也有靖侯颜含阅尽人生百态、世间冷暖的感悟。

谦退，少欲，知足，这也是儒家思想所提倡的。在《颜氏家训》中，颜之推也教导后人，要约束自己在权力和物质上的欲望，否则有可能会引火烧身。

“天地鬼神之道，皆恶满盈。谦虚冲损，可以免害。人生衣取以覆寒露，食取以塞饥乏耳。形骸之内，尚不得奢靡，己身之外，而欲穷骄泰邪？……常以为二十口家，奴婢盛多，不可出二十人，良田十顷，堂室才蔽风雨，车马仅代杖策，蓄财数万，以拟吉凶急速，不啻此者，以义散之；不至此者，勿非道求之。”

这几句话和颜含的“靖侯成规”有异曲同工之妙。这是教诫子孙，凡事都不可太过，秉持着中庸之道最好，名利都不可强求。

林则徐曾写过非常著名的一句话：“海纳百川，有容乃大。壁立千仞，无欲则刚。”想想颜之推借口还家避免联署逃过一劫，正是他常年谨慎、守身避祸的结果。再想想颜真卿不愠不怒甘心外调，因为心中没有愤懑和欲望，反而可以平和地看待处境的变化，走出一番新的天地来。这些正是对这句话的完美诠释。

第四，贞义节烈，舍身成仁。先了解颜之推的经历，再读《颜氏家训》，便会发现有一个小小矛盾的地方。颜之推一生坎坷，历经磨难，曾经数次在死亡面前徘徊。在这种情况下，他选择了保存自身，因此一次又一次地投效新的王朝，而没有像他的祖父颜见远一样忠烈殉国。在他的家训中，也多处警示颜氏后人，要谨慎，要扬名，要维持自己的家族兴盛不倒。

然而，颜之推也勉励后人要忠烈仁义，必要时甚至可以牺牲自己的性命。

“夫生不可不惜，不可苟惜。涉险畏之途，干祸难之事，贪欲以伤生，谗慝（tè）而致死，此君子之所惜哉；行诚孝而见贼，履仁义而得罪，丧身以全家，泯躯而济国，君子不咎也。”

其实骨子里，颜之推是认同儒家的“仁义”“忠勇”的，只不过现实迫使他做出了不同的选择。他曾在家训中辩解，颜氏家族在当时已经人丁凋落，如果因为自己殉国身亡，颜氏家族就此沉沦，甚至不再属于士族阶层，沦为杂役小厮，那是对祖宗更大的不敬。于是，为了宗族的延续，他选择了保存自己。

然而这样的选择所带来的心理上的痛苦，伴随了颜之推的一生。从他的诗词歌赋中，都可以读到他的浓重的羞耻感与忏悔：

“未获殉陵墓，独生良足耻。悯悯思旧都，恻恻怀君子。白发窥明镜，忧伤没余齿。”（《古意》）

“小臣耻其独死，实有愧于胡颜。”（《观我生赋》）

实际上，一直秉承着儒学传家的颜氏也原原本本继承了儒家的“孝义”。从颜斐的不畏惧权势、颜含的铮铮铁骨、颜见远的忠烈殉国、颜协的拒不出仕、颜师古的舌战群儒、颜真定的断耳明志、颜氏双卿的宁死不屈，甚至颜之推本人的心怀故国勇于言耻，都透出了颜氏家族世代传递的仁义之气。

千年的时光荏苒而过，曾为颜氏的绵延兴旺而努力的一代代先辈，如果在天有灵，应该会感到欣慰。几百年下来，颜氏家族开枝散叶，人丁兴旺，而子孙也非常争气，几乎代代都有以文入仕的杰出子弟，民国时期，更是涌现出诸多骁勇善战的将领。常桑杭村的颜氏祠堂香火不断，经常有海内外的颜氏子孙过来拜祭。由颜真卿手书的《颜氏家庙碑》至今仍矗立在西安碑林之中，铁画银钩的字迹依然在不停地诉说着历史的沧

《颜氏家庙碑》

桑，诉说着一个家族的兴衰与顽强。

推开宿舍的窗，惊喜地发现，窗外竟是一片在重重雾霾下早已难得一见的清朗夜空，影影绰绰的繁星点点散落在整个天穹。颜氏家族就像这漫天繁星啊，千年以降，出了太多的隽秀人才，以我笔力，难以穷尽，只能撷取群星中最大最亮的几颗，述说他们的故事。

成书在即，心里却也有些惶恐不安。自知所学有限，知识浅薄，书中难免有诸多错漏之处。如有读者发现，还请不吝赐教，必虚心改正。只盼读者阅读此书时，不致心生厌倦之感，能有些许感悟收获，则我心足矣。

# 参考文献


[1]韩婴.韩诗外传[M].北京：中华书局，2011.

[2]班固.汉书（颜师古注）[M].北京：中华书局，2012.

[3]刘义庆.世说新语[M].上海：上海古籍出版社，2013.

[4]房玄龄.晋书[M].北京：中华书局，2011.

[5]李百药.北齐书[M].北京：中华书局，2011.

[6]李延寿.北史[M].北京：中华书局，2011.

[7]李延寿.南史[M].北京：中华书局，2011.

[8]欧阳询.艺文类聚[M].上海：上海古籍出版社，1999.

[9]姚思廉.梁书[M].北京：中华书局，2011.

[10]刘昫.旧唐书[M].北京：中华书局，2011.

[11]李昉.太平御览[M].北京：中华书局，1960.

[12]欧阳修.新唐书[M].北京：中华书局，2011.

[13]令狐德棻.周书[M].北京：中华书局，2000.

[14]王昶.金石萃编[M].北京：中国书店，1985.

[15]严可均.全隋文[M].北京：商务印书馆，1999.

[16]张澍.姓氏寻源[M].长沙：岳麓书社，1992.

[17]林语堂.老子的智慧[M].北京：群言出版社，2009.

[18]刘精诚.两晋南北朝史话[M].北京：中国国际广播出版社，2007.

[19]蒙思明.魏晋南北朝的社会[M].上海：上海人民出版社，2007.

[20]秦元.颜之推研究[M].济南：齐鲁书社，2012.

[21]沈起炜.细说两晋南北朝[M].上海：上海人民出版社，2002.

[22]守屋美都雄.中国古代的家族与国家[M].上海：上海古籍出版社，2010.

[23]孙艳庆.中古琅邪颜氏家族学术文化研究[M].济南：齐鲁书社，2013.

[24]王利器.颜氏家训集解(增补本)[M].北京：中华书局，1993.

[25]王广.颜师古学术思想研究[M].济南：山东人民出版社，2013.

[26]严杰.颜真卿评传[M].南京：南京大学出版社，2005.

[27]杨伯峻.论语译注[M].北京：中华书局，2009.

[28]尤雅姿.颜之推及其家训之研究[M].台北：文史哲出版社，2005.

[29]张守富，王汝涛，刘锡山主编.颜真卿志[M].济南：山东人民出版社，2009.

[30]常昭.六朝琅邪颜氏家族文化与文学研究[D].济南：山东师范大学，2011.

[31]李文玉.琅邪颜氏家族与颜回关系考论[J].成都教育学院学报，2003(3).

[32]李宗长.论颜延之的思想[J].南京社会科学，1996(6).

[33]刘存祥.琅邪临沂孝悌里考[J].成都大学学报（社会科学版），2004(2).

[34]田余庆.论东晋门阀政治[J].北京大学学报（哲学社会科学版），1987(2).

[35]王春华.颜回资料辑考[D].曲阜：曲阜师范大学，2011.

[36]乌廷玉.两晋南北朝士族门阀的特征[J].史学集刊，1995(1).

[37]阎续瑞.论魏晋南北朝士大夫家训的时代特征[J].河南师范大学学报（哲学社会科学版），2007(1).

[38]杨洪权.两晋之际士族移徙与“门户之计”浅论[J].武汉大学学报（哲学社会科学版），1998(1).

[39]杨晓斌.琅邪颜氏谱牒、居里与郡望[J].甘肃理论学刊，2011(3).

[40]杨晓斌.颜延之生平与著述考[D].兰州：西北师范大学，2005.

[41]余秋雨.英雄颜真卿[J].国学，2014(1).

[42]张小稳.魏晋南北朝时期加侍中、散骑诸官的礼遇与权益[J].河南大学学报（社会科学版），2009(2).